LOS 72 NOMBRES DE DIOS

LOS 72 NOMBRES DE DIOS

Tecnología para el Alma[MR]

DE LAS ENSEÑANZAS DE **RAV BERG**

kabbalah.com

© 2003, 2004, 2021 Kabbalah Centre International, Inc. Todos los derechos están reservados.

Ninguna parte de esta publicación puede ser reproducida o transmitida en ninguna forma o por ningún medio, electrónico o mecánico, incluyendo fotocopiado, grabado, xerografiado o cualquier otro almacenaje de información o sistema de recuperación, sin la previa autorización escrita por parte del autor, excepto por un crítico que desee citar pasajes breves en una reseña para ser incluida en una revista, periódico o transmisión.

Kabbalah Centre Publishing es una unidad de negocio registrada de
Kabbalah Centre International, Inc.

Para más información:

The Kabbalah Centre
155 E. 48th St., New York, NY 10017
1062 S. Robertson Blvd., Los Ángeles, CA 90035

Otros números de contacto página 218
1 800 KABBALAH
kabbalah.com/es

Impreso en China, junio 2022

ISBN: 978-1-952895-01-2
Los 72 Nombres de Dios

Diseño: HL Design (Hyun Min Lee) www.hldesignco.com

Este libro está dedicado a
fortalecer la llama que nutre nuestro mundo a medida
que transformamos continuamente nuestro deseo de recibir
en un deseo de compartir personal y globalmente.

מ.ל.ה – ע.ש.ל

xii Presentación por Rav Berg
xv   Prefacio

PRIMERA PARTE: INTRODUCCIÓN

02   El Sabio y los Diez Ladrones
06   La Más Antigua Sabiduría
32   Las Herramientas de la Transformación
39   Cómo Usar los 72 Nombres

SEGUNDA PARTE: LOS NOMBRES

50   **Viajar en el Tiempo:** Cómo arreglar el pasado
52   **Recuperar las Chispas:** Recargarte cuando estés agotado
54   **Crear Milagros:** Una receta
56   **Eliminar Pensamientos Negativos:** Cuándo y cómo
58   **Sanación:** Meditación para ti y para otros
60   **Reconexión con los sueños:** Activar los mensajes del subconsciente
62   **El ADN del Alma:** Restaurar las cosas a su estado perfecto
64   **Desactivar la Energía Negativa y el Estrés:** Liberar la presión
66   **Influencias Angelicales:** Aprovechar la ayuda de arriba
68   **Las Miradas Pueden Matar:** Protección contra el mal de ojo

70	**Disipar los Vestigios del Mal:**	Purificación de lugares y espacios
72	**Amor Incondicional:**	Cómo despertar el amor, especialmente cuando tú no lo deseas
74	**El Cielo en la Tierra:**	Crear armonía por dentro y por fuera
76	**Adiós a las Armas:**	Desactivar el conflicto
78	**Visión de Largo Alcance:**	Ver los efectos de las decisiones antes de tomarlas
80	**Deshacerse de la Depresión:**	Cómo levantarse después de caer
82	**El Gran Escape:**	Rompiendo los límites del ego
84	**Fertilidad:**	Cuando se dificulta la concepción
86	**Comunicarse con Dios:**	Recibir respuestas a tus plegarias
88	**Vencer las Adicciones:**	Sobreponerte a tu ser negativo
90	**Erradicar la Plaga:**	Efectuar un cambio en el mundo físico
92	**Detener la Atracción Fatal:**	Cómo dejar de atraer a la gente equivocada a tu vida
94	**Compartir la Llama:**	Transmitir la sabiduría
96	**Celos:**	Deshacer el caos que resulta de nuestros celos antes de que se manifiesten
98	**Decir lo que Piensas:**	Para esos momentos en que necesitas ayuda para expresar la verdad
100	**Orden a Partir del Caos:**	Revertir la Ley de Murphy
102	**Socio Silencioso:**	Elegir la positividad como socia
104	**Alma Gemela:**	Atraer a la persona correcta
106	**Eliminar el Odio:**	Extraer el veneno
108	**Construir Puentes:**	Reconstruir relaciones rotas
110	**Terminar lo que Comenzaste:**	Encontrar el poder para terminar lo que iniciaste
112	**Recuerdos:**	Romper el ciclo
114	**Revelar el Lado Oscuro:**	Eliminar los obstáculos que creas
116	**Olvidarte de Ti mismo:**	Abrirte a otro punto de vista
118	**Energía Sexual:**	Cómo obtener más de tu experiencia sexual

120	**(Sin) Temor:**	Sobreponerse a los lazos que atan
122	**El Panorama Completo:**	Ver la oportunidad para el bien que está oculta en cada reto
124	**Sistema de Circuitos:**	Compartir para que puedas verdaderamente recibir
126	**Diamante en Bruto:**	Transformar en diamantes el carbón que hay en tu vida
128	**Hablar con las Palabras Correctas:**	Usar el lenguaje para hacer que sucedan cosas buenas
130	**Autoestima:**	Encontrar el poder para levantarte tú mismo
132	**Revelar lo Oculto:**	Ver la verdad y manejarla
134	**Desafiar la Gravedad:**	Lograr que la mente esté sobre la materia
136	**Suavizar los Juicios:**	Eludir el bumerán que arrojaste y detener el juicio que resulta contra ti
138	**El Poder de la Prosperidad:**	Qué hacer cuando necesitas dinero
140	**Certeza Absoluta:**	Qué hacer cuando se introduce la duda
142	**Transformación Global:**	Colaborar para alcanzar la paz mundial
144	**Unidad:**	Cuando hay conflicto y solamente la unión podrá resolverlo
146	**Felicidad:**	Cuando necesitas el poder para elegir la felicidad
148	**Bastante Nunca es Suficiente:**	Cuando necesitas la pasión para evitar satisfacerte con menos
150	**Sin Culpa:**	Quitar los aspectos negativos de tu naturaleza al mismo tiempo que reparas el daño que éstos causan
152	**Pasión:**	Despertar anhelos en tu corazón
154	**Sin Intenciones Ocultas:**	Dar sin condiciones
156	**La Muerte de la Muerte:**	Cuando las cosas están bien y quieres que permanezcan así
158	**Del Pensamiento a la Acción:**	El poder para hacer que sucedan las cosas
160	**Desvanecer la Ira:**	Sobreponerte a la ira antes de que ésta se sobreponga a ti
162	**Escuchar a Tu Alma:**	Aumentar el volumen de la suave voz interna
164	**Dejar Ir, Soltarse:**	Cuando necesitas el poder para alejarte

166	**Cordón Umbilical:** Conectarse a la fuerza de la vida
168	**Libertad:** Pasar la prueba y continuar al siguiente nivel
170	**Agua:** Quitar la negatividad de la fuente de la vida
172	**Padres Educadores, no Predicadores:** Cuando necesitas enseñar a tus hijos
174	**Apreciación:** Cómo conservar lo que tienes y obtener más
176	**Proyectarte Bajo una Luz Favorable:** Revelar lo mejor de ti
178	**Temor de Dios:** Cuando necesitas recordar que existe un sistema, y la manera de funcionar con él
180	**Responsabilidad:** El poder de hacerte responsable de tu felicidad y tu vida
182	**Grandes Expectativas:** Cómo dejar de sentirte desilusionado
184	**Contactar a las Almas que Partieron:** Hacer conexiones positivas con la gente que falleció
186	**Perdido y Encontrado:** Qué hacer cuando estás perdido y todo parece confuso
188	**Reconocer el Designio Bajo el Desorden:** Encontrar la solución en el problema mismo
190	**Profecía y Universos Paralelos:** Cambiar tu universo por uno mejor
192	**Purificación Espiritual:** Limpiarte de la negatividad
194	Tabla de los 72 Nombres

TERCERA PARTE

198	Nota del editor
200	Índice
206	Lista de los 72 Nombres (Transliteraciones)

Los 72 Nombres de Dios

PRESEN

x

PRESENTACIÓN

PRESENTACIÓN

En las páginas de este libro encontrarás un conjunto de herramientas espirituales extremadamente poderosas; una tecnología completa para sanar, obtener protección y cambios positivos. Sin embargo, esta tecnología permaneció oculta dentro de las letras de tres versículos bíblicos por cerca de 3.400 años; cada uno de los versículos contiene 72 letras. Estos versículos describen el milagro de la separación de las aguas del Mar Rojo ante el pueblo de Israel, mientras huía de la esclavitud impuesta en el Egipto del Faraón. Como estás a punto de descubrir, el poder místico de las letras hebreas que lograron separar esas aguas partirá también las aguas de cualquier Mar Rojo con el que te enfrentes en tu vida. De hecho, puedo decir sin exagerar que en estas páginas no solamente encontrarás otra tecnología o una tecnología avanzada, sino toda la tecnología, ya sea del siglo XXI, o del siglo XXX o del siglo L, para la eliminación del caos en tu vida.

La revelación de estas letras después de tantos siglos es en sí un milagro, un milagro logrado mediante el esfuerzo realizado durante los últimos 80 años por los Kabbalistas Rav Yehuda Áshlag y Rav Yehuda Brandwein. Por medio de su trabajo, la tecnología de los 72 Nombres de Dios se ha puesto a disposición de todos, junto con el conocimiento de cómo activarla y hacer que se manifiesten sus beneficios en nuestra vida diaria.

Permíteme enfatizar el hecho de que los 72 Nombres están destinados a toda la humanidad. Como las palabras de la Biblia y las letras hebreas que las conforman, los Nombres no son propiedad de un grupo étnico o de alguna religión. Pueden y deben ser usados por todos para confrontar el caos acelerado y la negatividad que afligen a nuestro mundo. En efecto, si no se les utiliza, lo único que habrá como resultado será la decepción, la frustración y la desesperación. Pensando en esto, me resulta sorprendente el darme cuenta de que en todos los años que he dedicado a los estudios religiosos tradicionales nunca se me hizo referencia acerca de la existencia de esta tecnología. Desde la niñez más temprana leí y releí los versículos que contienen los 72 Nombres, pero nunca supe acerca de las combinaciones de letras que estaban ocultas en esos versículos ni de sus poderes especiales. Y ciertamente no me encontraba solo en ese estado de ignorancia. Por lo tanto, en este libro obtendrás rápidamente el conocimiento y las capacidades que fueron negadas hasta a los estudiosos que dedicaron su vida al estudio y a la explicación de las sagradas escrituras.

En este libro te espera un gran poder. Mientras comienzas a explorarlo y lo llevas a la práctica, yo quisiera enfatizar dos puntos. Primero, los 72 Nombres son una tecnología para afirmar el poder de la conciencia humana sobre lo físico. Esto es: el poder de la mente sobre la materia, algo que la Kabbalah siempre entendió y que apenas recientemente la ciencia comienza a comprender. Sin embargo, los 72 Nombres dependen de la conciencia de cada quien y de su compromiso con lo que los kabbalistas denominan conducta proactiva. Éste es otro término que yo nunca oí hasta que comencé a estudiar la Kabbalah, y es el cimiento sobre el cual se fundamenta toda la tecnología de los 72 Nombres.

¿Qué es la conducta proactiva? Ante todo, es el acto de alejarse de los impulsos reactivos, ya que no hay manera de que estemos conscientes de Dios —por no decir nada acerca de la conciencia de Dios— a menos que nos alejemos de esos impulsos. Sin esta conducta proactiva nada funcionará para nosotros, ni siquiera ésta que es la más poderosa de todas las tecnologías. Cuando parece que súbitamente el infortunio es arrojado sobre ti, da un paso atrás. Esto no quiere decir aceptar las circunstancias —si alguien te da una bofetada, en realidad podrías devolver la bofetada— pero esto significa un nivel de conciencia, por encima de la mera reactividad. La tecnología de los 72 Nombres puede funcionar y funcionará para ti, pero no lo hará sin conducta proactiva.

Mi segundo punto está relacionado con los problemas causados por los impulsos reactivos, específicamente con las dificultades que tienen que ver con el ego. En el texto bíblico que es el fundamento de los 72 Nombres, el ego es personificado por el Faraón de Egipto. Igual que los impulsos causados por el ego en nuestras propias vidas nos alejan del crecimiento y de la transformación, el Faraón da a los israelitas la libertad pero luego cambia de opinión y envía a su ejército tras ellos, para terminar en las aguas del Mar Rojo. El ego siempre juega este juego, especialmente si hacemos un esfuerzo por ser proactivos. Una vez más, da un paso atrás y no cedas a este impulso. Sé consciente de que tu estado "normal" de ser en este mundo físico es tener una conciencia reactiva. Siempre somos llamados a participar en el juego del ego. Con el ego siempre nos enfrentamos a una situación donde vamos a perder. Si nos preocupa el ganar, eso es ego. Si nos preocupa perder, eso es ego también. Y el usar los 72 Nombres nos ayuda a ir más allá del juego del ego.

La tecnología de los 72 Nombres estará verdaderamente a tu alcance cuando hagas un compromiso para actuar de manera proactiva y renunciar a los juegos del ego. Puesto de una forma muy simple, éste es el poder de la mente sobre la materia. Ésta es la capacidad para eliminar todo tipo de caos, ya sea que se presente en la forma de miedos intangibles, emociones negativas o en las muy tangibles formas de padecimientos como el cáncer u otras enfermedades serias. La conciencia es el poder que subyace tras toda acción y suceso en el mundo material. Ya sea el simple acto de levantar el brazo o la cura espontánea de una enfermedad grave, todo el proceso comienza en la conciencia. Los 72 Nombres de Dios son el puente entre este poder de la conciencia y su manifestación en el reino físico. Ojalá hagas uso de ellos para obtener los milagros hermosos y maravillosos que nos esperan

Kabalista Rav Berg

Los 72 Nombres de Dios

PREFACIO

No aceptes ciegamente o como un acto de fe ninguna de las lecciones o la sabiduría presentadas en este libro.

Sométe a prueba todo lo que aprendas. Repasa los 72 Nombres de Dios y aplica su conocimiento y su poder en la vida real. Los resultados tangibles deben ser tu única norma cuando midas la potencia de este libro.

Los 72 Nombres de Dios

DE DIOS

Todos ustedes . . . que ven tierra más allá del horizonte, que leen misivas y libros sella-dos y ocultos, que buscan tesoros enterrados en la tierra y en las paredes, ustedes que enseñan tanta sabiduría, tantas artes superiores: recuerden que deben hacer parte de ustedes las enseñanzas de la Kabbalah si pretenden lograr todo esto.

—Paracelso, uno de los padres fundadores de la medicina occidental

PRIMERA PARTE

Los 72 Nombres de Dios

Cuando identificamos y trabajamos para transformar nuestras cualidades egocéntricas y características deshonestas, la llave gira y las puertas se abren. Ahora, las bendiciones y la buena fortuna pueden llover libremente sobre nosotros.

EL SABIO Y LOS DIEZ LADRONES

Ike, el cartero, vivía en un pueblo pequeño del medio oeste. Él y su esposa Cathy tenían un solo un hijo, llamado David. Cuando David cumplió siete años cayó víctima de una enfermedad misteriosa. Cada día que pasaba, el niño se debilitaba más. Ike recorrió cientos de kilómetros para visitar a un sinnúmero de doctores, sin obtener resultado alguno. Cathy podía ver en los ojos de su criatura que el tiempo se acababa. Ella podía sentir al ángel de la muerte flotando en la habitación de su hijo. El pequeño David necesitaba un milagro desesperadamente.

Y resultó que un anciano sabio vivía en el mismo pueblo que el cartero. No era médico, pero las personas de la localidad acudían a él cuando sufrían padecimientos que se resistían a la cura; corría el rumor de que el anciano podía hablar con los ángeles y que podía realizar todo tipo de milagros y maravillas. La última opción de Ike fue visitar al viejo sabio.

El anciano sintió una profunda tristeza cuando oyó hablar de la penosa situación de David. Ike le rogó que hiciera algo a través de sus rezos y bendiciones. El sanador tomó la mano de Ike y le prometió que haría su mayor esfuerzo.

Esa noche, el místico anciano ascendió a lo alto del mundo de los espíritus a través de oraciones secretas y de otras meditaciones terrenas conocidas sólo por unos pocos. Cuando llegó a las puertas del cielo, se sorprendió al encontrarlas cerradas. El destino del niño ya había sido sellado.

Pronto la noche pasó y el sol de la mañana comenzó a alzarse en el cielo del oriente sobre este pintoresco pueblo del medio oeste. Ike y el viejo sabio se reunieron temprano en la mañana afuera de la oficina de correos. Lleno de pena, el anciano le contó a Ike las noticias.

"Me temo que no hay nada que pueda hacer", dijo el sabio; "Ya se ha decretado que las puertas del cielo permanezcan cerradas para tu único hijo".

Ike estaba destrozado. Las lágrimas comenzaron a correr por su rostro mientras le rogaba al anciano que lo intentara una vez más. "¡No tengo nadie más a quién recurrir!" se lamentó Ike, "David es mi único hijo, mi única criatura. ¡Y usted es mi única esperanza!".

Como el anciano místico no tenía corazón para negarle el favor a este hombre hecho añicos, le contestó: "No puedo prometer nada. Pero haré otro intento".

Y en ese momento al anciano se le ocurrió la más rara de las ideas. Rápidamente llamó a su joven asistente, Tomás, y le hizo una petición muy singular: "Hazme el favor de ir en este mismo momento a la ciudad más cercana, y tráeme diez criminales empedernidos. No menos de diez".

Tomás estaba sorprendido, pero sabía que no debía contradecir al hombre que podía hablar con los ángeles.

"Encuéntrame a unos carteristas, ladrones o saqueadores de la peor calaña que exista" agregó el anciano. "Y por favor, ¡date prisa!".

Tomás manejó hasta la ciudad, y para su sorpresa, fue capaz de reunir rápidamente a los diez ladrones. De hecho, estaba maravillado por la facilidad con la que accedieron a acompañarlo a la casa de su patrón. Incluso estos villanos habían oído hablar del sanador misterioso que poseía poderes sobrenaturales y que vivía en el pueblo cercano.

Tomás y su sórdida compañía llegaron a la casa del místico. El sabio anciano les agradeció el haber venido y les invitó a todos a pasar a su casa. Algunos de los peores criminales del estado se sentaron en derredor de su sala, mientras recordaban animadamente algunas de sus hazañas criminales favoritas. El anciano pidió a todos que guardaran silencio; algo en él despertó su respeto. Así que todos escucharon atentamente al sabio anciano que podía realizar milagros, al sanador que era capaz de curar los padecimientos más graves, mientras éste pedía a cada uno de los ladrones que le ayudara ¡en el que sería su milagro más difícil e imposible de todos!

A la mañana siguiente, al romper el alba, cuando los petirrojos gorjeaban y los gallos cantaban, mientras soplaba amablemente una dulce brisa veraniega, Ike el cartero bailaba alegremente por la calle principal, y se le veía como si fuese el hombre más feliz de la tierra.

Un automóvil se detuvo a un lado del bailarín, y era Tomás quien lo conducía. En el asiento trasero estaba el anciano sabio. "Mi querido amigo" exclamó, "a juzgar por tu cara de gozo y tu baile, seguramente tienes buenas noticias para compartir".

"Le agradezco de todo corazón" dijo Ike. "Mi hermoso hijo, David, recibió un milagro durante la noche. Es como si nunca se hubiera enfermado; ¡en este momento está ordeñando a las vacas y realizando otras faenas mientras nosotros hablamos!".

"En verdad, esas son muy buenas noticias", dijo el hombre que podía hablar con los ángeles. "¡Que te vaya bien amigo mío!" Entonces el anciano sabio se alejó.

Tomás estaba intrigado. Se dirigió a su mentor en el asiento trasero: "¿Cómo puede ser esto?", le preguntó. "Usted es un sanador muy talentoso. Pero esos hombres que le traje ayer... eran ladrones de caja fuerte, asaltantes y rateros. Eran delincuentes. ¿Por qué no me pidió que trajera ciudadanos sobresalientes, que tuvieran temor de Dios?, ¿por qué rezó con esos personajes tan sombríos?".

Y he aquí lo que el noble y amable sabio le contestó:

"Cuando recé por nuestro amigo y su único hijo durante la primera noche, pude ver que las puertas del Cielo estaban cerradas. No había nada que yo pudiera hacer. El corazón del pobre hombre estaba destrozado. ¿Cómo podía rechazarlo cuando me pidió que lo intentara de nuevo? Entonces me llegó un pensamiento. Así que te pedí que me trajeras a esa banda de villanos, lo cual hiciste. Entonces, anoche recé de nuevo, pero las puertas del cielo permanecían aún cerradas".

Tomás estaba confundido. "¿Así que qué pasó?" Preguntó el conductor. "¿Cómo curó al hijo de Ike si las puertas permanecían cerradas?".

El místico entonces esbozó una sonrisa que hablaba de una gran sabiduría. "¡Ah! Pero esta vez contaba con la ayuda de una banda de ladrones" replicó. "Mira Tomás, un buen ladrón sabe todo acerca de allanar y buscar accesos; ¡violaron las cerraduras! Estos criminales allanaron el cielo y así fue posible que mis rezos se infiltraran hasta el santuario celestial".

El auto continuó adentrándose en el pequeño pueblo al que el sabio llamaba su hogar. Aún era temprano, pero las calles se avivaban. Y si hubieras sabido hacia donde mirar, habrías visto que un número de criminales profesionales, entremezclados con los habitantes honestos del pueblo, se detenían súbitamente al paso del auto y saludaban discretamente al sanador con un gesto de sus sombreros.

Esta sencilla historia es en realidad una profunda metáfora que contiene la mejor fórmula que existe en el mundo para lograr que todas tus plegarias tengan respuesta:

La Fórmula:

- El místico en esta historia simboliza nuestra propia alma, todos los rasgos positivos de nuestro carácter.

- Los ladrones representan todos nuestros rasgos egocéntricos y negativos. Después de todo, hasta cierto grado, todos somos ladrones.

Nuestra naturaleza bondadosa y cualidades cautivadoras no harán que surjan las respuestas a nuestras plegarias. Más bien, son nuestros atributos maliciosos y deshonestos los que proveen las llaves maestras para acceder al cielo. Cuando identificamos y trabajamos para modificar nuestras cualidades egocéntricas y características deshonestas, la llave gira y las puertas se abren; las bendiciones y la buena fortuna pueden ahora llover libremente sobre nosotros.

LA SABIDURÍA MÁS ANTIGUA

Aunque las herramientas espirituales de las que hablo no requieren nada más que el impulso que tú les proveas para funcionar, ayuda saber que provienen de una venerable tradición espiritual llamada Kabbalah. De hecho, la Kabbalah ofrece la sabiduría más antigua en el mundo, remontándose hasta hace más de 4000 años. Comenzó con Abraham, el padre de las tres grandes religiones monoteístas: judaísmo, cristianismo e islamismo. Abraham reconoció que existen dos esferas que afectan nuestras vidas: la espiritual y la física. Él reveló las leyes que rigen a estas dos esferas o, lo que es lo mismo, un código de leyes para el funcionamiento de todo el universo. Abraham explicó cómo el mundo espiritual intersecta al mundo físico, y también explicó lo que podemos hacer en esa intersección para generar felicidad.

Mediante el uso de estas leyes del universo, la Kabbalah ofrece un sistema que explica toda la problemática de la vida real que nos mantiene hundidos en la inmundicia. Esto tiene un valor tremendo. Si no sabes cómo funciona la gravedad, podrías intentar un gran salto y lesionarte. Sin algún conocimiento sobre electricidad, podrías meter tus dedos en un enchufe y electrocutarte. El entender cómo funcionan las cosas puede ayudarte; el no entender, puede lastimarte. La ignorancia es la razón por la que suceden cosas malas; la Kabbalah provee el antídoto.

La ciencia, la física, la biología, la religión, la espiritualidad y la filosofía tienen, todas, sus raíces en la Kabbalah, como ramas de un árbol que emerge de una sola semilla. La Kabbalah influyó profundamente en los grandes pensadores de la historia, incluyendo a Abraham, Moisés, Jesús, Mahoma, Pitágoras, Platón, Newton, Leibniz, Shakespeare y Jung. Eso es muy impresionante, especialmente si consideramos que a través de las distintas épocas la existencia de la Kabbalah ha sido ignorada por la mayoría de la gente. Esto se debe tanto al secretismo que rodeó a la Kabbalah como a su complejidad, la cual hacía que la Kabbalah fuera difícil de entender y de compartir. Una nueva generación de kabbalistas esta dedicada a hacer accesibles los beneficios de la Kabbalah para todos. Este libro es una expresión de ese compromiso.

La Kabbalah influyó profundamente en los grandes pensadores de la historia, incluyendo a Abraham, Moisés, Jesús, Mahoma, Pitágoras, Platón, Newton, Leibniz, Shakespeare y Jung

Es como encender la luz en un cuarto oscuro. Estas fuerzas nos dan el poder de cambiar nuestra vida completamente
y transformar al mundo de manera absoluta.

DESCIFRANDO EL CÓDIGO

La conexión con la Biblia, ocultada por mucho tiempo, tal vez sea el aspecto más notable de la Kabbalah.

La Kabbalah dice que la Biblia es un código completo. Eso es cierto. Es un criptograma. Cuando se descifra este código bíblico sucede algo maravilloso: súbitamente impresionantes fuerzas espirituales son liberadas en nuestras almas y descargadas sobre el mundo. Es como encender la luz en un cuarto oscuro. Estas fuerzas nos dan el poder de cambiar nuestras vidas completamente y transformar al mundo de manera absoluta. Pero cuando la Biblia permanece codificada, leída y tomada literalmente (como lo ha sido por unos 2000 años), se convierte en un símbolo estéril de tradición religiosa en lugar del magnífico instrumento de poder que estaba destinado a ser.

Un ejemplo excelente de una historia altamente cargada de significado, codificada en la Biblia, es el relato de Moisés y los israelitas partiendo el Mar Rojo . . .

EL SIGNIFICADO DE UN MILAGRO

Retrocedamos en el tiempo, unos 3400 años. He aquí la situación:

Seiscientos mil israelitas se encuentran varados en las orillas del Mar Rojo. El Faraón y su feroz ejército egipcio están tras sus talones, con la firme determinación de matar a los que ofrezcan resistencia y de hacer retornar el resto a la esclavitud. Los israelitas están arrinconados, no tienen hacia donde escapar: o se ahogan en las aguas del Mar Rojo o enfrentan las cuadrigas del Faraón. No hay opciones para escoger.

Necesitan un milagro. Rápido. Así que claman a Dios Todopoderoso, el todo misericordioso Señor del Universo, el Creador del cosmos. Ruegan por ayuda. ¿Y qué dice el Creador en respuesta a sus súplicas?

"¿Por qué acuden a mi?"

Lo cual no es exactamente el tipo de respuesta que uno podría esperar de un Creador infinitamente compasivo. Pero esto es, en efecto, lo que la Biblia, la Torá, el Antiguo Testamento, dice que fue la respuesta de Dios. Y por si esto no fuera suficiente, la siguiente respuesta de Dios es aún más desconcertante.

"¡Arrójense al agua!" les dice el Creador a estas pobres almas sufrientes.

¿Cómo da una persona racional sentido a esto?

Aquí comienza la Kabbalah.

De acuerdo con la Kabbalah, en el relato bíblico del Mar Rojo se encuentra codificada y oculta una tecnología tremendamente poderosa. (Encontrarás este relato en el capítulo 14 del Libro del Éxodo). Tres versículos relatan esta historia, los versículos 19, 20 y 21, y cada versículo contiene 72 letras.

Las siguientes tablas revelan cómo los 72 Nombres se derivan del texto bíblico. Ten en mente que ésta es la primera ocasión en la historia humana que se revela públicamente este secreto.

CÓMO DESCIFRAR LOS 72 NOMBRES DE DIOS A PARTIR DE LAS SAGRADAS ESCRITURAS

Toma la primera letra del primer cuadro (la cual es ו), la primera letra del segundo cuadro (la cual es ה) y la primera letra del tercer cuadro (la cual es ו), ¿y adivina qué? Ahora tienes el primer Nombre Sagrado de Dios secreto que aparece en el cuadro superior derecho de la Tabla Completa de los 72 Nombres.

Es fácil ¿verdad?

Ahora, para el segundo nombre, simplemente toma la segunda letra del primer cuadro (la cual es י), la segunda letra del segundo cuadro (la cual es ל) y la segunda letra del tercer cuadro (la cual es י) y ¡voila! Ahora tienes el segundo Nombre Sagrado que aparece en la Tabla Completa de los 72 Nombres, ubicado inmediatamente a la izquierda del primer cuadro.

Si sigues este sencillo patrón para todas las letras de los tres versículos, liberarás la tecnología más antigua y poderosa para lograr ejercer control sobre ti mismo y sobre tu vida.

Primer Versículo

וַיִּסַּע מַלְאַךְ הָאֱלֹהִים הַהֹלֵךְ לִפְנֵי מַחֲנֵה יִשְׂרָאֵל וַיֵּלֶךְ מֵאַחֲרֵיהֶם וַיִּסַּע עַמּוּד הֶעָנָן מִפְּנֵיהֶם וַיַּעֲמֹד מֵאַחֲרֵיהֶם:

El ángel de Dios había estado viajando al frente del campamento israelita, pero ahora cambió y se fue a la retaguardia. De esta manera, el pilar de nube se movió delante de ellos y permaneció en su retaguardia.

מ	מ	ע	א	ש	ל	א	ו	1
ד	פ	ע	ח	ר	פ	ל	י	2
מ	נ	מ	ר	א	נ	ה	ס	3
א	י	ו	ו	ל	י	י	ע	4
ח	ה	ד	ה	ו	מ	ה	מ	5
ר	ם	ה	ם	י	ח	ה	ל	6
י	ו	ע	ו	ל	נ	ה	א	7
ה	י	נ	י	ר	ה	ל	ר	8
ם	ע	ן	ס	מ	י	ר	ה	9

Segundo Versículo

וַיָּבֹא בֵּין מַחֲנֵה מִצְרַיִם וּבֵין מַחֲנֵה יִשְׂרָאֵל וַיְהִי הֶעָנָן וְהַחֹשֶׁךְ וַיָּאֶר אֶת הַלָּיְלָה וְלֹא קָרַב זֶה אֶל זֶה כָּל הַלָּיְלָה:

Y llegó entre los egipcios y el campamento israelita. Había nubes y oscuridad esa noche, impidiendo toda visibilidad. Durante toda la noche [los egipcios y los israelitas] no pudieron acercarse unos a otros.

8	7	6	5	4	3	2	1
ה	כ	ל	ה	ל	י	ל	ה
ק	ר	ב	ז	ה	א	ל	ז
ה	ל	י	ל	ה	ו	ל	א
ש	ר	ו	י	א	ר	א	ת
י	ה	ע	נ	ן	ו	ה	ח
י	ש	ר	א	ל	ו	י	ה
ו	ב	י	ן	מ	ח	נ	ה
ח	נ	ה	מ	צ	ר	י	ם
ו	י	ב	א	ב	י	ן	מ

Tercer Versículo

וַיֵּט מֹשֶׁה אֶת יָדוֹ עַל הַיָּם וַיּוֹלֶךְ יהוה אֶת הַיָּם בְּרוּחַ קָדִים עַזָּה כָּל הַלַּיְלָה וַיָּשֶׂם אֶת הַיָּם לֶחָרָבָה וַיִּבָּקְעוּ הַמָּיִם:

Moisés alzó su mano sobre el mar. Durante toda la noche, Dios hizo retroceder el mar mediante un poderoso viento del este, transformando el lecho del mar en tierra firme. Las aguas se dividieron.

י	ה	י	י	ה	ו	ד	ו	1
ב	י	ל	ם	י	ל	ו	י	2
ק	ם	ה	ע	ם	ר	ע	ט	3
ע	ל	ו	ז	ב	י	ל	מ	4
ו	ח	י	ה	ר	ה	ה	ש	5
ה	ר	ש	כ	ו	ו	י	ה	6
מ	ב	ם	ל	ח	ה	ם	א	7
י	ה	א	ה	ק	א	ו	ת	8
ם	ו	ת	ל	ד	ת	י	י	9

Tabla Completa con los 72 Nombres

כהת	אכא	ללה	מהש	עלם	סיט	ילי	והו
הקם	הרי	מבה	יזל	ההע	לאו	אלד	הזי
והו	מלה	ייי	נלך	פהל	לוו	כלי	לאו
ושׂר	לכב	אום	ריי	שׂאה	ירת	האא	נתה
ייז	רהע	וֹעם	אני	מנד	כוק	להח	יוו
מיה	עשׂל	ערי	סאל	ילה	ווֹל	מיך	ההה
פוי	מבה	נית	נֹגא	עםם	החשׁ	דני	והו
מוזי	עֹנו	ומב	יהה	מצר	הרח	ייל	נמם
מום	היי	יבם	ראה	ובו	איע	מנק	דמב

La energía que impulsa a esta tecnología antigua viene de estos tres versículos y sus 72 letras. Los 72 Nombres de Dios no son "nombres" en un sentido ordinario. No tienen nada en común con la manera en la que tú y yo nos denominamos. Los 72 Nombres de Dios nos proveen de un vehículo para conectarnos con la corriente espiritual infinita que fluye a través de la realidad. Dios otorgó a Moisés esta tecnología de punta para que la compartiera con toda la gente, y así los humanos pudieran soltar sus poderes semejantes a los de Dios y obtuvieran el control sobre el mundo físico.

Cuando Dios preguntó a los desesperados israelitas "¿Por qué acuden a Mí?", sólo era un código. En realidad, Dios le decía a la gente que ellos tenían el poder para escapar del peligroso predicamento por sí mismos. No necesitaban la asistencia de Dios.

De hecho, Dios nunca da respuestas a las plegarias. Son las personas quienes dan respuesta a sus propias plegarias al saber cómo conectar y utilizar la energía divina del Creador y la fuerza divina que existe en sus propias almas.

¿Qué tal eso? ¿No es esto un cambio completo de paradigma?

El poder milagroso para salvarse de cualquier situación por muy peligrosa que sea, entonces o ahora, se encuentra en esta antigua tecnología conocida como los 72 Nombres de Dios.

Ahora, presta mucha atención a la siguiente idea. Cuando Dios dijo a los israelitas que se arrojaran al mar, ¡también era un código que revelaba la verdadera técnica para activar el poder de los 72 Nombres!

Y así es como funciona.

Para obtener el control sobre las leyes de la Madre Naturaleza uno debe lograr el dominio de sí mismo.

CÓMO PARTIR UN OCÉANO

La mayoría de nosotros conoce el resultado literal del relato del Mar Rojo: justo antes de que el ejército egipcio alcanzara a los israelitas, el Mar Rojo se dividió y los israelitas huyeron hacia la libertad. ¡Vaya milagro! Pero la Kabbalah revela que no fue Dios quien dividió el mar. Fue Moisés. Y él usó el poder de los 72 Nombres de Dios para lograr esta asombrosa hazaña.

Es más: antes de que las aguas se alzaran hacia el cielo, se requirió de una acción física que activara el poder de los Nombres. *Éste es el significado secreto* detrás de aquella respuesta de Dios: "¡Arrójense al agua!".

Se requirió que los israelitas demostraran una certeza total en sus poderes divinos y en los 72 Nombres, al entrar físicamente al mar con una convicción total de que habría un resultado positivo.

Naturalmente, los dominaban el miedo y la duda cuando en un primer momento permanecían a la orilla del mar y observaban el rápido arribo del Faraón. Pero después Moisés les recordó los 72 Nombres. Comenzaron a meditar en ellos, utilizando todo sus poderes mentales para despertar fuerzas espirituales extraordinarias.

¿Pero sabes qué? Ni una sola molécula de agua se movió hasta que los israelitas conquistaron sus dudas y entraron al mar con una certeza total. Ni una sola gota se movió hasta que estuvieron sumergidos hasta el cuello en el mar. Después, cuando el agua les llegó a las narices, y ellos aún mantenían una certeza total, ¡zaz! las aguas se dividieron, dándoles paso a la libertad.

¿Cuál es la lección?

Para obtener el control sobre las leyes de la Madre Naturaleza, uno debe alcanzar el autocontrol.

Y en esto yace el secreto de los 72 Nombres de Dios.

Pero antes de que puedas dominar a la naturaleza humana, deberás saber un poco más acerca de ella.

Toda forma posible de placer estaba incluida en esta Luz.

EL ESCONDITE

Imagina por un momento que tienes once años de edad. Estás jugando al escondite con tus mejores amigos y tú eres quien debe encontrarlos. Así que te recuestas contra un árbol, cubres tus ojos con tus manos y comienzas a contar hasta diez, lentamente.

¿Cómo te sentirías si, después de contar hasta diez te dieras vuelta, abrieras tus ojos y vieras a todos los niños parados ahí, justo en frente de ti?

No sería muy divertido, ¿verdad? El propósito del juego, que es divertirse y obtener placer de jugar, no se puede alcanzar ¿verdad? Esa felicidad sólo puede lograrse si todos los niños buscan un escondite. Y cuanto mejor sea el escondite, ¡mejor será el juego!

Esto es similar a lo que sucedía *antes* de la creación del mundo físico y de los seres humanos.

EN EL PRINCIPIO

Antes del nacimiento del universo, la única realidad era una energía inmaterial infinita que se expandía permanentemente. La Kabbalah denomina *Luz* a esta expansión infinita. Toda forma posible de placer estaba incluida en esta Luz. Desde los placeres derivados del sexo y del chocolate hasta los sentimientos celestiales de serenidad y dicha pura, *todo* lo que una persona pudiere concebir, desear, necesitar o apetecer, estaba incluido en esta Luz de felicidad. Este era el dominio de Dios el Creador. No había tiempo. Ni espacio. El Creador entonces creó todas las almas de la humanidad con un gran propósito: otorgarnos esta infinita Luz de felicidad.

Esta luz nos fue entregada gratuitamente. Pero igual que en nuestro ejemplo previo de el escondite, no era muy divertido porque todo nos era dado sin esfuerzo alguno, sin reserva alguna. Era como asistir a un almuerzo gratis. Una limosna. Caridad. En otras palabras, fuimos creados; abrimos nuestros ojos, hablando en sentido figurado, y toda esa felicidad yacía allí, frente a nosotros.

Pero faltaba algo.

¿QUÉ HACIA FALTA?

En esencia, el ingrediente faltante era el placer derivado del *reto* de jugar al escondite. En otras palabras, nuestra recién creada existencia hubiera sido aún más divertida y satisfactoria si *nosotros*, solos, hubiéramos podido crear esta Luz de felicidad en lugar de sólo recibirla como cortesía de la Gerencia.

Así que le dijimos al Creador, "¡vamos a jugar al escondite! Tú escondes Tu Luz y nosotros la encontramos".

VOLVERSE COMO DIOS

Cuando nos esforzamos por encontrar la Luz, surge un sentimiento de logro. Nos sentimos responsables de nuestra propia felicidad. Nos sentimos como la causa. Nos sentimos como Dios. Y nada, pero nada, se siente mejor que sentirse como Dios, especialmente cuando recibimos felicidad interminable como parte del paquete.

Así que esencialmente eso fue lo que sucedió. Cerramos nuestros ojos, contamos hasta diez y se ocultó la Luz. ¡En el momento en que la Luz desapareció, este universo físico y oscuro irrumpió en la existencia!

Así que le dijimos al Creador, "¡vamos a jugar al escondite! Tú escondes Tu Luz y nosotros la encontramos"

LA CREACIÓN DEL MUNDO

El acto Divino de *ocultar la Luz* es la causa detrás de los orígenes de nuestro universo, el cual los astrofísicos creen que nació durante el *Big Bang*. De hecho, con respecto a la Creación, hay muchas congruencias misteriosas entre la astrofísica y la Kabbalah, como verás más adelante.

Lo que dice la Kabbalah
(Basado en las enseñanzas del Kabbalista del siglo XVI, Isaac Luria).

Antes de que se ocultara la Luz, había una unidad exquisita. Unicidad. No tales cosas como tiempo ni espacio.

Cuando la Luz se ocultó, un punto de espacio apareció en la existencia, marcando así el nacimiento del tiempo.

Esto ocurrió hace unos 15 mil millones de años (desde nuestro punto de referencia).

El punto entonces se expandió (piensa en un globo siendo inflado) creando espacio vacío. Dios Eventualmente, esta energía formó la totalidad de la materia física, incluyendo a las estrellas, a los planetas y a la gente.

Durante el proceso de Creación, del estado inicial de unidad se desdoblaron cuatro fuerzas diferentes.

Lo que dice la Ciencia
(Citando al físico Stephen Hawking y el programa transmitido por la radio pública denominado: El Universo de Stephen Hawking)

> El universo, y el tiempo mismo, tuvieron un principio en el *Big Bang*, hace aproximadamente 15 mil millones de años. El *Big Bang* marca el instante en que nació el universo . . . y en que toda la materia del cosmos comenzó a expandirse. Antes de este momento, la totalidad de las cuatro fuerzas fundamentales, la gravedad, el electromagnetismo, y las fuerzas nucleares, débiles y fuertes, se encontraban unificadas.

Es la misma historia. La única diferencia radica en que la Kabbalah nos da una razón que explica el porqué sucedió el *Big Bang*, mientras que la ciencia meramente nos dice cómo sucedió.

En nuestra metáfora del escondite, la idea de contar hasta diez amplía la analogía. En realidad se refiere a las *10 cortinas* que se erigieron para disminuir gradualmente y así ocultar el res-plandor deslumbrante de la Luz.

Estas diez cortinas crearon 10 dimensiones, cada una de ellas progresivamente más oscura que la anterior.

Nuestro caótico universo físico representa la cortina más oscura de todo el conjunto.

Ahora, ¿adivina qué? Dos mil años después que la Kabbalah reveló que la realidad consiste de 10 dimensiones, los físicos de la era moderna reforzaron esta revelación con lo que se conoce como la Teoría de la Supercuerda.

Hoy, la Teoría de la Supercuerda es la contendiente más favorecida en la investigación científica para formular una Teoría del Todo.

Verifica las similitudes.

Lo que dice la Kabbalah
(Basado en las enseñanzas del Kabbalista del siglo XVI, Isaac Luria).

La realidad consiste de 10 dimensiones. Nueve de estas dimensiones se encuentran más allá del tiempo y el espacio. Solamente nuestro mundo físico contiene al tiempo-espacio.

En realidad, seis de estas dimensiones se pliegan sobre una sola.

Lo que dice la Física
(De acuerdo con el físico Brian Greene, en su libro The Elegant Universe: Superstrings, Hidden Dimensions, and the Quest for the Ultimate Theory [El Universo Elegante: Las Supercuerdas, las Dimensiones Ocultas y la Búsqueda de la Teoría Máxima]*)*

> Para que la teoría de las cuerdas tenga sentido, el universo debe tener nueve dimensiones de espacio y una de tiempo, para sumar así un total de 10 dimensiones.

El Dr. Michio Kaku, un físico teórico reconocido internacionalmente, escribe en su libro *Hyperspace* (Hiperespacio):

> Los físicos rescatan nuestro familiar universo de cuatro dimensiones, al asumir que durante el *Big Bang*, seis de las 10 dimensiones se enrollaron (o se compactaron) en una bola minúscula.

Es impresionante ¿no es cierto?

DONDE SE OCULTA LA LUZ

Por un momento, retrocedamos hasta nuestro juego infantil del escondite. Supón que uno de tus amigos decidió ocultarse detrás de un rosal. Antes de que puedas encontrar a este niño en particular, debes *primero* localizar el rosal. La vida funciona de la misma manera. Antes de que encuentres la Luz, debes localizar el sitio donde se oculta la Luz.

Así, la pregunta más importante se convierte en:

¿Dónde está exactamente el escondite de la Luz?

De acuerdo con la Kabbalah, los humanos fuimos creados con dos aspectos distintos en nuestra naturaleza: la oscuridad y la Luz.

La oscuridad es el ego humano, como en la frase:

E_l G_{ran} O_{ponente}

¡Lotería! He aquí el sitio donde se oculta la Luz.

La Luz es el alma humana, la cual es opacada por el ego. Como ves, el ego no es realmente tú. Tú sólo piensas que él es tú. Pero realmente es una prenda externa, una cortina que oculta la Luz de tu alma, tu verdadero ser.

Para hacer un verdadero reto de este juego del escondite, se le dio dominio total al ego, se le dio la capacidad para ejercer un poder total sobre tus pensamientos y sobre la conducta con la que naciste. Por otra parte, tu alma estaba sometida, *oculta* de tus deseos conscientes, oculta de tu mente racional.

¿DÓNDE ESTÁ EXACTAMENTE EL ESCONDITE DE LA LUZ?

EN EL EGO

PRIMERA PARTE

¡Te dan la oportunidad de liberarte de tu ego, egoísmo y envidia, a cambio de encontrar la Luz!

EL SENTIDO DE LA VIDA

El propósito de tu existencia es permitir que toda la intensidad de la Luz brille en tu vida y en este mundo. A esto se le denomina gozar del cielo en la tierra. Independientemente de que seas un médico, un abogado, un académico, un fontanero, un director de compañía, un artista, un maestro, un carpintero, un contador, un empresario, un obrero, un ingeniero, un electricista, un genio de las computadoras o un científico espacial, tienes dos maneras de realizar tu trabajo y conducir tu vida:

1. **A través de tu ego, dudando o dejando en el olvido la verdad de la Luz, únicamente considerándote a ti mismo.**

2. **A través de la humildad de tu alma, encontrando la Luz constantemente y considerando las necesidades de los demás.**

Tu carrera, tu familia y tus amigos están aquí con un propósito: el proveerte las oportunidades para que realices tu transformación personal. ¡Ellos te dan la oportunidad de libe-rarte de tu ego, egoísmo y envidia, a cambio de *encontrar la Luz!*

LAS CORTINAS QUE BLOQUEAN LA LUZ

Cada vez que permites que tu ego controle tu conducta en los negocios, en el matrimonio, y en tus relaciones con otras personas, cuelgas otra cortina que oculta la Luz de tu alma y la Luz del Creador. Dentro de esta oscuridad agregada, tu ego se fortalece y tu verdadero yo se oculta más, haciendo que la vida se haga progresivamente más oscura.

> A esto se le llama **Conducta Reactiva**; reaccionas al impulso de tu ego.

Cada vez que te resistes a tu ego, rasgas una cortina.

> A esto se le llama **Conducta Proactiva**; detienes tus impulsos reflejos egoístas y desatas la voluntad proactiva de tu alma. La vida se hace más brillante.

LIBRE ALBEDRÍO

Tu *único libre* albedrío en la vida consiste en elegir entre resistir o no a tus impulsos egocéntricos. Cada vez que te resistes a la reactividad a favor de un comportamiento proactivo, has ejercido tu libre albedrío.

PRIMERA PARTE

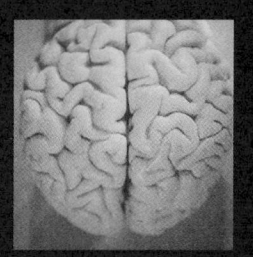

¿Cómo eliminamos las cortinas y los bloqueos?

Sufrimiento o transformación espiritual.

BUSCANDO LA LUZ EN TODOS LOS LUGARES EQUIVOCADOS

¡Así que ahora lo sabes! La Luz se oculta detrás del ego, y detrás de sus numerosos rasgos reactivos. Desafortunadamente, todos hemos sido condicionados socialmente para enfocarnos en nuestros rasgos buenos, en nuestras cualidades encantadoras, en nuestras características positivas. Ignoramos totalmente, negamos y olvidamos nuestro lado oscuro.

¡Es por esto que hemos fracasado en encontrar la Luz! Desde el principio de la existencia humana hemos buscado en el lugar equivocado.

EL PROBLEMA

Esta es la parte truculenta: cada vez que nos conducimos de acuerdo con el ego, bloqueamos un poco más la Luz. La existencia humana se hace un poco más oscura.

Lo cual nos lleva a la pregunta del millón de dólares:

¿Cómo eliminamos las cortinas y los bloqueos?

SUFRIMIENTO VERSUS ESPIRITUALIDAD

Hay dos maneras de eliminar las cortinas que oscurecen la Luz del alma: *el sufrimiento o la transformación espiritual*. Y son las únicas, ya que no hay más opciones.

Examinemos más esta noción kabbalística.

Nuestros egos se empequeñecen con el dolor emocional y nuestras almas súbitamente florecen.

POR QUÉ SUFRIMOS

Cuando sufrimos, cuando experimentamos dolor, cuando sufrimos desgracias y tristezas, el *dolor* en realidad purga el ego ego y el interés propio de nuestra naturaleza. El alma —nuestro verdadero ser— brilla en ese momento con mayor intensidad. Es por esto que súbitamente experimentamos un sentimiento de amor y de unidad con los demás cuando hay aviones que se estrellan contra edificios y esos edificios se derrumban ante los ojos de una nación a través de la televisión. Es por esto que sentimos un cambio en nuestras prioridades, cuando observamos despojos humanos esparcidos en el paisaje como resultado de la guerra, el terrorismo o accidentes trágicos.

Nuestros egos se empequeñecen con el dolor emocional y nuestras almas súbitamente florecen. Esta es la razón por la que acudimos a ayudar a otros cuando estamos expuestos al dolor o al sufrimiento. Y es por esto que los bomberos, los policías, los equipos médicos de emergencia, y la gente común arriesgan sus vidas para salvar a otro ser humano. Es por esto que súbitamente nos sentimos inspirados para cambiar al mundo y para cambiarnos a nosotros mismos cuando confrontamos el terror y la tragedia. Nuestro ser divino, auténtico y desinteresado sobresale siempre que nuestros egos son golpeados y sacudidos en lo más profundo.

EL EGO CONTRAATACA

Entonces, ¿por qué el sufrimiento que has experimentado en tu vida no te ha dejado lleno de la felicidad infinita que acompaña a la Luz? El problema con el sufrimiento como sendero que conduce a la Luz es que, salvo ciertas excepciones, los cambios que provoca en el ego son sólo temporales. ¿Por qué? Porque cuando el recuerdo de nuestro dolor se calma, nuevamente el ego nos tienta para reaccionar a sus impulsos. A la vez, nuestras nuevas reacciones resucitan el poder del ego.

Con el tiempo, de forma lenta pero segura, el ego retoma su fuerza y reclama el control. Gradualmente la influencia del alma se empieza a desvanecer. Tu buen humor, nuevas prioridades y sentimientos de afecto se desplazan para dar lugar al mal humor y a la intolerancia. Las prioridades cambian de la familia otra vez a las semanas de 50 horas de trabajo. De pronto ya no quieres cambiar al mundo. Solamente quieres cambiar tu carro por uno que sea más bonito que el de tu mejor amigo. Vuelves a gratificar tus deseos autoindulgentes. De nuevo, miras con desprecio a la gente que accidentalmente tropieza contigo en el centro comercial o los maldices en voz baja. La vida cotidiana vuelve a ser una reacción tras otra.

¿Y qué vas a hacer?

¿Debes siempre experimentar catástrofes únicamente para "despertar" por un instante, sólo para encontrar que tu ego te arrulla de regreso a un falso sentido de seguridad?

Afortunadamente, la respuesta es no.

LAS HERRAMIENTAS PARA LA TRANSFORMACIÓN

La herramienta más antigua y poderosa conocida por la humanidad es los 72 Nombres de Dios.

Su tecnología ancestral es, por mucho, más poderosa que cualquier cosa descubierta en este siglo XXI. ¿Por qué? Porque los 72 Nombres de Dios funcionan al nivel del ADN del alma, en lo que los físicos denominan el nivel cuántico de la realidad.

Los 72 Nombres de Dios apuntan al ego; apuntan a nuestros rasgos negativos, pero lo hacen desde un punto de vista proactivo. Aprenderás *el cómo* al descubrir el significado de cada Nombre en la segunda parte de este libro.

Con el tiempo, de forma lenta pero segura, el ego retoma su fuerza y reclama el control. Gradualmente la influencia del alma se empieza a desvanecer. Tu buen humor, nuevas prioridades y sentimientos de afecto dan paso al mal humor y a la intolerancia.

El conflicto, la intolerancia y la oscuridad no pueden por definición existir en presencia de la Luz y la verdadera espiritualidad.

NO ES ACERCA DE RELIGIÓN; NUNCA LO FUE

Debes saber que *Los 72 Nombres de Dios* no son un asunto relativo a la religión. De hecho, Dios nunca creó la religión. Los humanos lo hicieron. Y esta invención humana no ha hecho otra cosa que generar separación entre las personas. Trágicamente, se ha derramado más sangre en nombre de la religión que por el conjunto de todas las enfermedades y crímenes.

La religión fomenta el odio. Da origen a la guerra y el genocidio; todo en el *nombre* de Dios. Pues bien, *guerra, odio y genocidio* no se cuentan entre los nombres de Dios.

El hecho es que la sabiduría divina, por su propia naturaleza, únicamente puede evocar armonía entre las personas. El surgimiento del amor y de la paz es el efecto propio de la sabiduría espiritual genuina. Construye de manera natural puentes entre gente de diferente fe. Por su naturaleza abraza y da poder a todas las personas. Es universal, como universal es la fuerza de gravedad, sin hacer distinciones por motivos de raza, creencias personales o saldos de cuentas bancarias. A la gravedad no le importa si eres blanco o negro, si eres pobre o rico, si tienes educación o eres analfabeto: si das un paso en el vacío, fuera del balcón de un edificio alto, te estrellarás abajo en el pavimento.

Si alguna llamada "religión" muestra cualquier forma de hostilidad o división dentro de su propia jerarquía o hacia otra fe religiosa, no genera Luz ni provee respuestas a nuestras preguntas más profundas durante el 100% del tiempo, entonces hay algo que está terriblemente mal. El conflicto, la intolerancia y la oscuridad no pueden, por definición, existir en presencia de la Luz y la verdadera espiritualidad.

UNA PRUEBA DE LITMUS

Dicho sea de paso, podrás saber si una sabiduría espiritual es pura y *conectada* si, cuando aprendes, te pescas a ti mismo diciendo: "¡Ah! Yo ya sabía esto. Yo siempre percibí estas verdades en algún profundo lugar de mi ser. Sólo que no sabía como expresarla".

La llave a esta ley universal es el ofrecimiento de Luz verdadera y bondad *incondicional*.

LA UNIVERSALIDAD DE LA VERDADERA ESPIRITUALIDAD

El poder de *Los 72 Nombres de Dios* opera estrictamente a nivel del alma, no a nivel físico. Se trata de espiritualidad, no de *religiosidad*. En lugar de estar limitada por las diferencias que dividen a la gente, la sabiduría de los Nombres trasciende las antiguas disputas de la humanidad y a sus sistemas de creencias, al tratar con el único vínculo que unifica a todas las personas y a todas la naciones: *el alma humana*.
Los kabbalistas fueron claros acerca de este asunto: debes ofrecer amor incondicional y Luz verdadera a tus amigos e incluso a aquellos que percibes como tus enemigos si tú quieres recibir paz y serenidad en tu *propia* vida. Debes ver el alma de la otra persona y conectarte con ella.

Por ejemplo, si un judío ofrece amor incondicional y comparte la Luz espiritual genuina con un musulmán o con un cristiano, aun si estos lo aborrecen, amor y Luz le serán devueltos de manera equivalente con toda seguridad. Esto es una ley natural.

La llave a esta ley universal es el ofrecimiento de Luz *verdadera* y bondad *incondicional*.

La razón es que el amor *incondicional* y la Luz *verdadera* penetran inmediatamente en el alma de la otra persona, despertando amor y Luz en retorno.

Si se cumple con el prerrequisito, todas las formas de odio, conflicto y hostilidad *deben* desvanecerse tan rápido como un bombillo hace que se desvanezca la oscuridad en una habitación.

Si lo anterior no sucede, no te equivoques al juzgar; sin duda alguna, no se estaba compartiendo Luz genuina; seguramente había alguna intención oculta detrás del amor que se ofrendaba, había ataduras en la amabilidad que se otorgaba.
No era *incondicional*.

Si tu esfuerzo por crear la paz no es 100 por ciento sincero, si hay alguna intención oculta o dejo de interés egoísta, entonces este tipo de amor *condicional* nunca alcanza al alma de la otra persona. No se logra despertar el amor. En otras palabras, lo único que sucede en este caso es que un ego se comunica con otro.

¿Así que cómo despiertas Luz verdadera? ¿Cómo despiertas al alma?

¡Fácil! De la misma manera como iluminas una habitación a oscuras.

Simplemente acciona el interruptor.

ACCIONANDO EL INTERRUPTOR DE LA LUZ

En el momento en que tus ojos vean los 72 Nombres de Dios en las páginas siguientes, se encenderá una Luz espiritual de fuerza y brillo inimaginables.

Esta Luz hace que tu alma se inflame. Esta Luz desvanece la oscuridad que es tu ego. Esta luz da poder al mundo *entero* en el momento en que decides compartirla con toda la existencia. A todo lo largo y ancho del mundo, la gente comienza a experimentar esos maravillosos sentimientos de amor, unidad y cuidado sin antes tener que sufrir, simplemente por tu meditación atenta sobre estos Nombres.

Esta es la promesa de *Los 72 Nombres de Dios*. Nunca jamás aceptes nada menos que esto. Especialmente cuando el ego chilla y dice: "esto es demasiado bueno para ser verdad" o "es demasiado sencillo para ser real".

¡Así que ejercita tu libre albedrío! Rechaza el escepticismo. Usa los Nombres. Medita en que la Luz que enciendes le da poder a tu alma y las almas de toda la humanidad. Sabe con profunda convicción que la Luz y la bondad están triunfando sobre la oscuridad y la maldad.

Y después voltea a ver tu alrededor. Ve si tu vida está mejorada. Ve si puedes localizar verdaderos milagros sucediendo en tu vida y en el mundo en general.

Mantén en mente lo siguiente: cada vez que volteas una página para ver un nuevo Nombre, accionas otro interruptor de Luz.

TECNOLOGÍA HEBREA

Si ya hojeaste las siguientes páginas, yo sé lo que estarás pensando: "¡yo no se leer en hebreo!" Pero esto no importa. No importa en lo más mínimo. Este libro no trata de lenguas extranjeras ni de alfabetos con los que no estamos familiarizados.

En primer lugar, los 72 Nombres de Dios no son realmente palabras. Salvo algunas excepciones, no pueden pronunciarse de manera que signifiquen algo. Sus configuraciones particulares están desprovistas de significado literal. Son secuencias sagradas, que se activan visualmente.

En segundo lugar, la palabra hebrea para *letra* significa realmente "pulsación" o "vibración".

¿Qué está pulsando? ¿Qué está vibrando? ¡La energía! Un flujo de energía se transfiere directamente a ti cuando tus ojos contemplan las formas de los Nombres.

En tercer lugar, estos símbolos universales de meditación trascienden religión, raza, geografía y el concepto mismo de lenguaje. Los Nombres se crearon para toda la gente, como un instrumento global para conectarnos a la Luz. Su poder se libera a través de sus formas únicas, a través de los patrones expresados en sus líneas y curvas.

CÓMO USAR LOS 72 NOMBRES

La secuencia de tres letras que forma cada uno de los 72 Nombres opera a semejanza de un cable que transmite diferentes mezclas de energía a nuestro mundo físico.

Las tres letras significan tres fuerzas:

- Una carga positiva
- Una carga negativa
- Un cable a tierra

Esta estructura crea un circuito de energía que canaliza con seguridad la corriente espiri-tual a tu vida, igual que un enchufe de tres contactos transmite corriente eléctrica de manera segura hacia tus aparatos domésticos.

Cuando meditas en las diferentes secuencias de tres letras, una influencia espiritual particular se transmite directamente a tu alma.

Sin embargo, existen tres prerrequisitos que deberás cumplir antes de poder activar el poder de los 72 Nombres:

1. Convicción de su poder

2. Un entendimiento de la influencia particular que irradia de cada Nombre

3. Una acción física correspondiente para activar su poder

El primer prerrequisito depende de ti. Pero sabe por anticipado que tu ego inundará tu mente con duda e incertidumbre. Esa batalla particular es personal y tuya para que la libres.

Librar esta batalla y ganarla es el propósito más importante en la vida. Recuerda, ésta es la manera de encontrar la Luz.

El segundo prerrequisito se te provee a ti. En las páginas siguientes, el poder y la influencia espiritual de cada Nombre se hacen del dominio público ¡por primera vez en la historia! El apreciar este hecho enriquecerá y mejorará tu conexión con la Luz.

El tercer prerrequisito es en algunas ocasiones el más difícil de cumplir. Por ejemplo, si usas un Nombre Sagrado en particular para vencer tus miedos, debes confrontar esos miedos para así lograr erradicarlos de tu vida. Es como una prueba pequeña, una simple acción física que acciona el "interruptor para encender la Luz". Pero debes saber que cuando los confrontes con tu recién adquirida fuerza espiritual, *los conquistarás*, y te encontrarás en la vía hacia una vida libre de miedo.

De manera similar, si estás tratando de erradicar tu ego, una situación física arribará pronto y hará que se inflame tu ego, sólo para que puedas resistirlo.

FUSIÓN

Así que el asombroso poder de los 72 Nombres de Dios es generado por una elegante fusión de poder espiritual y una acción física que le sigue.

Podrías pensarlo de esta manera: Un hombre llega a su hogar tarde en la noche. Su casa está completamente oscura. Obviamente, el hombre desea tener algo de luz en su casa. Pero el deseo no es físico y la corriente eléctrica que corre por la casa tampoco es física. Para manifestar su deseo, el hombre debe realizar una acción física. Debe caminar hasta el interruptor y cambiarlo a la posición de encendido.

Siempre se requerirá de un acto físico para activar las fuerzas intangibles en nuestro mundo, ya sea la corriente eléctrica o la Luz del Creador.

Este tipo de fusión entre lo espiritual y lo físico es lo que produce todo el poder de los 72 Nombres de Dios.

La secuencia de tres letras que forma cada uno de los 72 Nombres opera a semejanza de un cable que transmite diferentes mezclas de energía a nuestro mundo físico.

A través de las letras puedes tener acceso a la Luz que está en tu interior, la Luz que viene del Creador.

De hecho, *siempre* han existido dentro de ti. Ahora han sido reactivadas.

LA MEDITACIÓN

Apártate por un momento de lo que estás haciendo y retírate a algún lugar donde no te interrumpan. Siéntate en una silla cómoda que tenga respaldo recto o siéntate en el suelo si así lo prefieres.

Ahora piensa acerca de lo que ha provocado que invoques este poder en este momento particular de tu vida. ¿Cuál es el Mar Rojo que te está confrontando? ¿Qué ejército del Faraón se acerca por tu retaguardia?

¿Ves tu situación presente por muy lamentable que pueda parecer, como una oportunidad para revelar Luz? Si es así, ¡magnífico! La Luz se revelará a través del poder de los Nombres. ¿O simplemente deseas intercambiar tu situación actual por algo más cómodo, es decir, una solución rápida? Si es así, con toda seguridad la situación presente reaparecerá en tu vida hasta que logres entender las cosas de manera diferente.

Hazte las preguntas anteriores y respóndelas con valor y honestidad. Cuando tengas certeza de que tu meditación se encuentra arraigada en una elección correcta, busca en este libro la secuencia de letras que se acerque más a tu preocupación o aspiración.

Lee el texto que acompaña a las letras. Después, simplemente permite que tu vista descanse sobre las letras, prestándoles atención total, pero sin enfoque o concentración impropios. (Cuando medites en las letras, léelas de derecha a izquierda).

Es mejor no pensar en ningún resultado positivo específico que esperas realizar. En lugar de eso, permite que tu mente se aquiete mientras el hecho de observar las letras llena tu conciencia. Si te distraes con pensamientos pasajeros, trata de concentrarte en tu respiración —en la secuencia de inhalar y exhalar— mientras tus ojos continúan reposando en las letras. Con cada inhalación, imagina que el poder de las letras llena tu cuerpo con Luz. Con cada exhalación, permite que la luz entre en ti y penetre en todo tu ser.

Después de algunos momentos, cierra tus ojos y ve las letras con el ojo de tu mente. Imagínalas tan claramente como puedas, justo tan claras como estaban cuando las veías en la página del libro. Ve las letras negras con un contorno bien delineado contrastadas contra un fondo blanco y después abre tus ojos.

De nuevo, enfoca tu vista sobre las letras del libro. Sigue haciendo esto por un lapso de tiempo que te resulte cómodo.

Ahora cierra tus ojos y visualiza las letras una vez más, pero ahora imagínalas en color blanco contra un fondo negro. Permite que llenen tu mente tanto como sea posible. Toma conciencia de que las letras ya no están en la página; *están dentro de ti*. Las letras son la conexión con una parte de ti mismo que antecede a tus esperanzas, miedos, e incluso a tu vida. A través de las letras puedes tener acceso a la Luz que está en tu interior, la Luz que viene del Creador.

Abre tus ojos cuando sientas el deseo de hacerlo. Evita la tentación de voltear a ver de nuevo las letras de la página. Por el momento, la existencia de las letras en el libro es irrelevante. Ahora las letras existen en ti. De hecho, *siempre* han existido dentro de ti. Ahora han sido reanimadas.

Este es un libro de poder, el poder de la mente, el poder del alma y el poder de las fuerzas espirituales invisibles que penetran nuestra existencia.

PRIMERA PARTE

Los 72 Nombres de Dios

Mira, si tuvieras un solo cartucho o una única oportunidad para alcanzar todo lo que siempre has querido —un solo momento— ¿lo atraparías o simplemente lo dejarías pasar?

—Eminem

SEGUNDA PARTE

ו.ה.ו

VIAJAR EN EL TIEMPO

Cuando queremos deshacer "crímenes" pasados para que desaparezcan sus efectos dolorosos de nuestras vidas y de las vidas de los demás, este Nombre nos provee de un ingenioso aparato para viajar en el tiempo.

Olvida el drama, este vuelo se da a nivel del alma.

¿Estás listo? ¡Abróchate el cinturón!

EXPLICACIÓN

La Ciencia nos dice que por cada acción hay una reacción igual y opuesta; por cada causa hay un efecto. Pero en el mundo físico siempre hay un intervalo de tiempo entre la acción y su resultado.

Tiempo es la distancia entre causa..................y efecto.
Tiempo es el espacio entre crimen.............y consecuencia.
Tiempo es el intervalo entre buena acción.....................y dividendo.

La cadena de causa y efecto puede ser de diez minutos, diez días, diez meses o hasta diez vidas. No obstante, los efectos de nuestro comportamiento regresan a nosotros en toda su medida. Creemos equivocadamente que lo bueno no tiene recompensa, que el mal queda sin castigo y que la vida carece de justicia verdadera. ¿Por qué? Porque el recuerdo de nuestras acciones positivas y negativas se desvanece con el tiempo y cuando sus efectos demorados aparecen, los vemos como simples eventos casuales. Lo que es más: las palabras poco amables también ponen en movimiento el principio de causa y efecto.

Así que, ¿cómo volvemos a la causa original antes que sus desagradables efectos aparezcan en nuestra vida?

La tecnología para ello existe en este Nombre único. Hace mucho, los kabbalistas declararon que el viaje en el tiempo era posible. Hoy, la física cuántica está alcanzando a la Kabbalah al aceptar que el viaje en el tiempo es posible, por lo menos en teoría. Pero la Kabbalah no dice que físicamente regresaremos en el tiempo y nos encontraremos cara a cara con nosotros mismos. Este es un concepto intrigante, pero aquí logramos un objetivo mucho más deslumbrante que la noción de estar almorzando con nosotros mismos en algún momento del pasado. ¿Cuál es el objetivo? ¿Qué tal alegría y satisfacción inimaginables una vez que corrijamos todas nuestras acciones negativas del pasado?

MEDITACIÓN

Despierta el remordimiento en tu corazón por malas acciones anteriores. Acepta la franca verdad espiritual de que los problemas en tu vida son el resultado de tus acciones pasadas. Al concentrarte en este nombre, desentierras las semillas negativas que ya habías plantado. Al hacerlo, transformas tu pasado, das forma al presente y aseguras un futuro lleno de alegría y realización.

Los 72 Nombres de Dios

> Cuando nos encontramos atascados, cuando nuestras reservas de energía están vacías, cuando sentimos que nuestra misma fuerza vital se agota lentamente, las chispas perdidas de Luz espiritual pueden ser recuperadas y restablecidas en nuestras vidas.

RECOBRAR LAS CHISPAS

EXPLICACIÓN

Cuando se les pregunta qué es lo que más quieren en la vida, la mayoría de las personas contesta lo siguiente:

- FELICIDAD
- ALEGRÍA
- PROSPERIDAD
- PAZ MENTAL
- SABIDURÍA
- LIBERTAD
- ILUMINACIÓN
- PROPÓSITO

¿Qué tienen en común estas cosas? No las podemos tocar. No las podemos ver. No tienen olor, no tienen sabor, peso ni color. Pero de acuerdo con la Kabbalah, todas estas cualidades intangibles pueden ser expresadas en una sola palabra: ¡Luz! Igual que la luz del sol contiene todos los colores del arco iris, la Luz espiritual contiene todos los "colores" de satisfacción que el ser humano busca a través de su existencia.

Esta Luz espiritual resplandeciente impregna toda la realidad. Pero hay un problema. Como hemos discutido antes, las acciones negativas pueden crear efectos negativos. Cada día, consciente o inconscientemente reaccionamos ante deseos e instintos egocéntricos. Cada *reacción* crea una nueva fuerza negativa que nos roba nuestra Luz. Estas fuerzas son muy reales, a pesar de lo que nuestro ego nos pueda decir. Estas entidades oscuras no tienen vida propia; subsisten de nuestra energía. Las alimentamos cada vez que mostramos egoísmo, intolerancia, rabia, miedo y cualquier otro rasgo reactivo. Mientras más fuerte se hace su poder, nuestras vidas se vuelven progresivamente más oscuras.

MEDITACIÓN

Fragmentos de Luz son sacados de las entidades destructivas que residen dentro de tu ser. La fuerza de vida de las entidades es cortada, y eres reabastecido de nuevo con energía Divina. ¡La vida crece con más brillo todos y cada uno de los días cuando billones de chispas sagradas retornan a su fuente: tu alma!

Hay momentos en que nada más un milagro puede transformar una situación desolada y sin esperanzas. Pero Dios no hace milagros; nosotros los hacemos. En este Nombre divino se encuentra la tecnología para realizar milagros.

Adelante. Haz un milagro.

CREAR MILAGROS

EXPLICACIÓN

Los 72 Nombres de Dios fueron usados en la antigüedad para realizar asombrosos milagros. Moisés usó los nombres para partir el Mar Rojo. Josué los usó para detener el sol y David los invocó para vencer a Goliat. Sin embargo, tristemente el poder de los 72 Nombres se perdió por milenios y quizás el mayor milagro de nuestro tiempo es la repentina disponibilidad de este antiguo poder.

Esta secuencia de letras pertenece al arte de hacer milagros. Pero se requiere cierto nivel de entendimiento antes que el inmenso poder de este Nombre pueda ser liberado. Debemos entender, por ejemplo, que la *información por si sola* no es poder. A un niño se le pueden dar los planos para construir un avión 747, pero esa información le será inútil. El *conocimiento*, por otra parte, es realmente poder. Sabiduría es poder. Estas cualidades internas pueden aplicarse a, y traducirse en, cambios prácticos y positivos, ¡incluso milagros!

Cualquier milagro en el mundo material debe ser precedido por un cambio milagroso en nuestro carácter. La realidad física y la naturaleza humana están íntimamente conectadas. Cuando creamos una extraordinaria transformación dentro de nosotros mismos, el poder de este Nombre permite al universo expresar externamente este cambio interno.

MEDITACIÓN

Libérate de todo egoísmo, envidia, ira y autocompasión. A través del rechazo de estas tentaciones negativas, serás libre para invocar este Nombre y encender de este modo el poder de los milagros.

Los 72 Nombres de Dios

Cuando pensamientos obsesivos —preocupación, ansiedad, miedo, pesimismo, incertidumbre y fantasías negativas— nos invaden, podemos "retraer nuestras mentes" y enfocarnos en pensamientos que nos hagan avanzar, no retroceder.

ELIMINAR PENSAMIENTOS NEGATIVOS

EXPLICACIÓN

Los pensamientos no se originan de la materia física del cerebro. El cerebro es solamente una radio que transmite los pensamientos a la mente racional. ¿De dónde viene entonces la transmisión real?

La Kabbalah nos enseña que hay dos fuentes distintas: la Fuerza de la Luz y la Fuerza de la Oscuridad. Son como dos estaciones de transmisión separadas ¡y están al aire 24 horas al día!

Aquí está el verdadero problema: ¡la Fuerza de la Oscuridad del ego tiene el control sobre las ondas de nuestra mente! Veinticuatro horas al día, siete días a la semana, a todo volumen, los pensamientos negativos y egocéntricos dominan nuestra conciencia. Esta Fuerza de la Oscuridad es la fuente de todos nuestros miedos y dudas. En comparación, los pensamientos que nos llegan de la Luz casi ni se notan. Es sólo cuando logramos sacar de sintonía la señal transmitida por la Fuerza de la Oscuridad que logramos escuchar el débil sonido de nuestras propias almas.

Los pensamientos recurrentes incluyen incertidumbre, preocupación constante, aprehensión y el miedo excesivo hasta el punto en que nos sentimos acosados por la ansiedad. Los pensamientos negativos también incluyen esas cosas terribles que pensamos acerca de otras personas cuando nos agravian. O esos duros juicios hacia los demás cuando los envidiamos.

Un comportamiento obsesivo compulsivo también empieza con ideas negativas incontrolables. Reduciendo nuestro proceso mental negativo liberamos la mente y automáticamente se reprime la conducta obsesiva.

Un corazón frío es una apertura para una embestida de pensamientos dañinos e improductivos. Cuando nuestros corazones se vuelven abiertos y cálidos, sellamos esas aperturas de una vez por todas.

MEDITACIÓN

Ahora estás desconectando los pensamientos destructivos que emanan del ego. En el espacio que se ha abierto, suaves rayos de Luz espiritual inundan tu corazón y mente.

El concepto de enfermedad se extiende más allá del mal que aflige al cuerpo. Esto incluye la "mala salud" de un negocio, una "dolencia" en una relación y la "enfermedad" emocional como la ansiedad y la depresión. Con la herramienta correcta podemos sanar todas las formas de enfermedad.

SANACIÓN

EXPLICACIÓN

Moisés se convirtió en el liberador de los mismos esclavos que él había ayudado a gobernar. Por esta increíble transformación, las letras que componen su nombre contienen un gran poder espiritual. Esta configuración particular transmite las fuerzas de sanación.

Hay dos formas de activar completamente este poder de sanación:

1. Pensar en los demás

Meditemos sobre personas que también necesitan sanación. Cuando la energía de sanación pasa a través de nosotros para asistir a los demás, automáticamente recibimos los beneficios nosotros mismos. Mientras más compartimos, más recibimos.

2. Ser responsables

Sin lugar a dudas, este es un paso muy difícil de dar. Debemos dejar la mentalidad de víctimas. Debemos entender que fue algo que *hicimos* —en esta vida o en una vida pasada— lo que trajo la enfermedad. Causas inmediatas, tales como la comida que comemos o aun nuestra conformación genética, son simplemente las armas que nos infligen la enfermedad. Ésas no son las causas sino los efectos. Una persona fuma cuatro paquetes de cigarrillos al día y vive hasta una edad avanzada. Otra nunca fuma y contrae cáncer de pulmón.
¿Captas la idea?

Culpar a alguien o a algo nos absuelve de la responsabilidad personal. Pero si aceptamos nuestra responsabilidad —al 100%— entonces y sólo entonces las herramientas de los 72 Nombres de Dios despiertan la Luz del Creador para que podamos ser sanados. (Si tienes dudas acerca de esta provocativa verdad espiritual, ¡regresa de inmediato al Nombre anterior y elimina esos pensamientos escépticos!)

MEDITACIÓN

El poder de este Nombre te trae la energía de curación al nivel más profundo de tu ser.

¿Por qué?

¡Porque aceptas toda la responsabilidad por tu estado y condición actual! Y te concentras en otros que también necesitan sanación.

Los 72 Nombres de Dios

RECONEXIÓN CON LOS SUEÑOS

De acuerdo con la Kabbalah, nuestro universo físico no es todo lo que existe. De hecho, nuestro mundo de cafés matutinos y congestiones de tráfico sólo es una de muchas dimensiones. Estas otras dimensiones son accesibles en formas diferentes, una de las cuales es a través de nuestros sueños.

EXPLICACIÓN

Cuando nos quedamos dormidos, las cadenas de existencia física que diariamente atrapan nuestras almas se aflojan. Mientras dormimos, nuestras almas se liberan para ascender a la atmósfera espiritual donde reciben alimentación, poder y la afinación ocasional. Durante esta estadía nocturna, nuestras almas están en un dominio más allá del tiempo y el espacio. Pasado, presente y futuro se convierten en uno. El panorama completo de la duración de la vida humana es mostrado, desde el nacimiento hasta la muerte.

Nuestras almas tienen una visión de eventos futuros, tanto positivos como negativos. Estas visiones son filtradas a nuestro cuerpo donde toman la forma de sueños. Los sueños contienen verdades y mentiras. Si somos espirituales, nuestros sueños son predominantemente verdaderos. Si somos egocéntricos, nuestros sueños serán engañosos. Estas influencias nos afectan subconscientemente, afectando las decisiones que tomamos en la vida. Entre más verdaderos sean nuestros sueños, más sabias serán nuestras decisiones. Y viceversa.

Si podemos descifrar los mensajes de nuestros sueños y pesadillas —consciente y subconscientemente— entenderemos qué tenemos que cambiar en nosotros mismos. Los cambios espirituales son la forma proactiva de desviar los efectos negativos y los juicios que se puedan interponer en nuestro camino.

MEDITACIÓN

Con este Nombre sueñas de manera veraz. Tu alma asciende a lugares seguros y amorosos durante la noche. Despiertas cada mañana recargado. Vigorizado. Renovado en cuerpo y espíritu. Más sabio.

Los 72 Nombres de Dios

> Cuando la vida parece fragmentada y desarticulada, podemos crear orden a partir del caos, tranquilidad de la confusión y calma de la conmoción, regresando todo a su estado original perfecto; regresando al ADN de nuestras vidas.
>
> Sólo que no lo sabíamos . . . ¡hasta ahora!

EL ADN DEL ALMA

EXPLICACIÓN

Antes del inicio del tiempo, la Luz infinita del Creador fue ocultada para crear un punto de oscuridad, un espacio en el cual nuestro universo pudiera nacer. El propósito fue construir un escenario donde no existiera Luz ni orden, donde nosotros pudiéramos, a través de nuestros propios esfuerzos de compartir y escoger el bien sobre el mal, crear nuestra propia Luz espiritual.

Para ocultar la Luz Infinita, se erigieron 10 "cortinas", cada una reduciendo un poco más la Luz del Creador hasta que se creó un lugar en el que casi no existía Luz. Este es nuestro mundo de caos, de confusión y de la segunda ley de termodinámica que declara, entre otras cosas, que todo eventualmente debe pasar por un proceso de decadencia y degeneración; todas las cosas deben volverse cada vez más desordenadas. Esto se conoce como entropía. (En caso de que te lo hayas preguntado, ése es el porqué se necesita cerca de medio galón de agua para cocer macarrones y un galón completo para limpiar la olla).

Las 22 letras del alfabeto hebreo son los instrumentos de la Creación. Ellas constituyen el ADN de nuestro universo y de nuestra alma. Este Nombre nos conecta con el poder total de estas 22 fuerzas de la Creación, lo que es realmente algo bueno, porque trae renovación, orden y poder creativo a las áreas en que las necesitamos desesperadamente.

MEDITACIÓN

Aquí recibes nada menos que el impacto total de las fuerzas de la Creación. Reestableces el significado a las vidas que con frecuencia se sienten sin sentido y das propósito a un mundo que con frecuencia parece sin objeto. Regresa el orden. Emerge la estructura. Todo está organizado.

DESACTIVAR LA ENERGÍA NEGATIVA Y EL ESTRÉS

Cuando nos encontremos en lugares rebosantes de energía negativa; si entramos en contacto con gente que irradia oscuridad, rabia u odio; cuando la presión se incrementa, este Nombre neutralizará todas y cualquiera de las fuerzas negativas, incluyendo el stress y la tensión nerviosa.

EXPLICACIÓN

De acuerdo con la Kabbalah, todos tenemos un campo espiritual de energía que se extiende un poco más allá de 2 metros de nuestros cuerpos. Aunque no podamos ver este campo a simple vista, es tan real como los átomos invisibles en el aire, y tan innegable e influyente como la fuerza invisible de la gravedad.

Cada vez que este campo está cargado con energía negativa o estresante, nos encontramos a nosotros mismos en un estado inferior del ser, sufriendo de tristeza, estrés, depresión, hostilidad, miedo e incertidumbre. O simplemente sintiéndonos desdichados. Lugares no placenteros y gente pesimista influyen en nuestras vidas cuando entramos en contacto con ellos. Nuestro espacio personal es violado, cargado de energía perturbadora en perjuicio de nuestro bienestar.

MEDITACIÓN

La Luz Purificadora destierra las ominosas fuerzas invisibles y desactiva las influencias dañinas que acechan de cerca, incluyendo ésas que habitan dentro de ti. El estrés se desvanece. La presión es liberada. El equilibrio y la energía positiva impregnan tu ambiente.

INFLUENCIAS ANGELICALES

El universo esta en ebullición con fuerzas angelicales, tanto negativas como positivas. ¡Olvídate de esas imágenes de querubines! En verdad, un ángel es una *partícula* de energía espiritual. Como partículas subatómicas, los ángeles entran y salen de repente de la existencia a través de nuestras palabras, pensamientos, y acciones.

EXPLICACIÓN

Nuestros sentidos y conciencia son limitados a propósito. En consecuencia, el poder de los ángeles permanece fuera de nuestro campo de visión y resulta elusivo para la mente racional. Pero al igual que el viento, la gravedad o la radiación, la influencia de los ángeles es muy real.

Alguna vez:

- ¿Resbalaste y caíste accidentalmente sin razón aparente?
- ¿Golpeaste tu dedo (en lugar del clavo) con un martillo?
- ¿Tomaste una decisión realmente, pero realmente, estúpida?
- ¿Experimentaste una mala racha que parecía no tener fin?

Esta es la influencia de las fuerzas angelicales negativas en acción. La buena fortuna es el resultado de la influencia de ángeles positivos.

Los actos y palabras que involucran compartir, tolerancia, compasión y autocontrol sobre nuestro ego y sobre su constante flujo de juicios, encienden fuerzas positivas. También dan fin a la existencia de ángeles negativos. Un comportamiento que refleja egoísmo e intolerancia crea fuerzas negativas.

De acuerdo con la física cuántica, infinidad de partículas subatómicas están constantemente entrando y saliendo de la existencia a cada momento en todas partes del universo. A nivel microscópico, estas llamadas partículas virtuales pueden saltar a la existencia por breves momentos antes de retornar a la nada, provocando así fluctuaciones en la energía. Éste es otro ejemplo de la ciencia descubriendo la contraparte física de la realidad espiritual.

MEDITATION

Mediante el uso de este Nombre ahora tienes acceso a la red de los ángeles. Eliminas ángeles negativos y su influencia caótica de tu vida. Enciendes la fuerza de ángeles positivos. Y todo este poder es activado mediante tu compromiso sincero de transformar tu carácter.

Los 72 Nombres de Dios

> Los maestros de la antigüedad describen a este Nombre como un arma de guerra poderosa e invencible. Asegura la victoria en la más larga e importante batalla en la historia de la humanidad: el conflicto contra nuestro propio mal de ojo y el de los demás.

LAS MIRADAS PUEDEN MATAR: PROTECCIÓN CONTRA EL MAL DE OJO

EXPLICACIÓN

Una persona que posee mal de ojo lleva consigo el ojo de la fuerza negativa destructora; por esto se le llama "destructor del mundo", ¡y la gente debe estar en guardia contra ellos y no acercárseles, para así evitar ser lesionados por ellos!
    —*Zóhar* I, p. 68b

Los ojos poseen poderes enormes. El ojo humano tiene la capacidad de transmitir tanto energía positiva como negativa. El término *mal de ojo* se refiere a las miradas negativas y mal intencionadas que recibimos de la gente que da cabida a sentimientos destructivos contra nosotros. Los kabbalistas atribuyen al mal de ojo muchas de las desgracias del día a día.

Igualmente, cuando nosotros lanzamos mal de ojo contra otras personas, creamos una apertura mayor en nosotros mismos, atrayendo aun más miradas negativas y los efectos dañinos que las acompañan. Nos volvemos más vulnerables a medida que nuestras defensas espirituales son debilitadas. Así, el mal de ojo hace un daño igual al que lo lanza como al que lo recibe.

MEDITACIÓN

Tu propio deseo de echar el mal de ojo a otros es disminuido. Un escudo de energía positiva te envuelve, ofreciendo protección contra vistazos negativos, miradas de envidia y malas intenciones de otros.

Si sentimos que nuestra piel hormiguea, que se nos para el vello de la nuca, o sentimos inquietud al entrar en un lugar, usualmente es el resultado de fuerzas negativas en nuestro medio. Este Nombre neutraliza esas fuerzas.

DISIPAR LOS VESTIGIOS DEL MAL

EXPLICACIÓN

Cuando nos mudamos a una nueva casa o establecemos nuestro negocio en un lugar nuevo, nos afecta cualquier actividad negativa de quien previamente ocupó ese espacio. La maldad y la negatividad dejan un residuo. Cuando nos encontramos ante su presencia, estos restos de negatividad que han quedado impactan dramáticamente nuestras vidas. Incluso los podemos sentir en la mesa de algún restaurante si los clientes que estaban allí sentados antes que nosotros eran personas extremadamente desagradables.

Cuando todo va mal en el hogar o en el trabajo, frecuentemente el culpable oculto es el residuo de maldad.

La vida es suficientemente caótica y frenética tal y como es. En verdad nadie necesita de más poderes perversos que descarrilen sus esfuerzos cotidianos.

Este Nombre purifica lugares y espacios donde perduran la maldad, perversidad y oscuridad espiritual.

MEDITACIÓN

Todas las fuerzas negativas son expulsadas de cualquier lugar donde habites. La Luz de este Nombre desactiva la energía negativa y limpia tu entorno.

AMOR INCONDICIONAL

> Un estudiante se acercó a un sabio muy versado en las doctrinas espirituales y las artes místicas. Le pidió al maestro que lo instruyera en todos los secretos sublimes de la vida, que le explicara todos los grandes misterios del cosmos que se encuentran ocultos en los libros sagrados. Y preguntó si todo esto se podía hacer durante el tiempo en que una persona permanece equilibrada sobre una sola pierna. El gran sabio consideró con gran cuidado su petición. Sonrió con calidez y replicó: "Ama a tu prójimo como a ti mismo. Todo lo demás es comentario. Ahora ve y aprende".

EXPLICACIÓN

Amar a nuestros vecinos — o a nuestros enemigos, dado el caso — no tiene nada que ver con la moral o la ética. Más bien, la Kabbalah enseña que el amor es un arma formidable para promover nuestra propia causa en la vida, la cual es simplemente obtener alegría y satisfacción verdaderas. En otras palabras, nos beneficiamos.

El amor es un arma de Luz, y tiene el poder de erradicar todas las formas de oscuridad. Esta es la clave. ¡Cuando ofrecemos amor incluso a nuestros enemigos, destruimos su oscuridad y su odio, los cuales son la razón por la que se convirtieron en nuestros enemigos en primer lugar! Es más, arrojamos fuera de nosotros la oscuridad que tenemos dentro. Lo que queda son dos almas que ahora reconocen la chispa de divinidad que ambas comparten.

Este Nombre también despierta el amor por nuestro cónyuge, amigos, familia, y por nosotros mismos. Después de todo, sólo podemos compartir lo que poseemos. Por lo tanto, no podemos amar a nuestro vecino o a nuestro cónyuge si no poseemos amor a nosotros mismos. Usamos este Nombre para disolver cualquier animosidad y amargura que pudiera surgir después de una discusión con seres amados.

MEDITACIÓN

¡Igual atrae a igual! Emulando el amor incondicional del Creador por toda la humanidad, traes amor a tu propia vida. Creas armonía entre tu ser y los demás, y entre la humanidad y el mundo natural.

EL CIELO EN LA TIERRA

Puede resultar difícil de creer, pero el caos y, sí, incluso la muerte, son distracciones temporales de este mundo físico, necesarias para el juego de la vida. Nuestro verdadero propósito es tener felicidad sin fin y existencia eterna. Nosotros podemos crear el cielo en la tierra.

EXPLICACIÓN

De acuerdo con la Kabbalah, el concepto del *cielo en la tierra*, se refiere tanto a la paz individual como a la global. Este mismo principio también es verdadero con relación al concepto del mesías. Hay un mesías personal y un mesías universal.

Pero primero debemos lograr nuestra propia liberación y recuperación internas a través de la transformación personal. Es decir, debemos lograr un estado de mesías dentro de nosotros mismos. Sólo cuando la transformación individual en el mundo alcance la masa crítica, la paz universal, la armonía, y un mesías global se materializarán ante nuestros propios ojos. De ese modo, como es visto a través de la lente de la Kabbalah, el mesías global no es un salvador sino más bien un sello y una señal de que suficientes individuos han transformado sus vidas y a su vez a nuestro mundo.

Este es un tema constante y recurrente en la Kabbalah; todo, incluyendo nuestro destino de disfrutar del cielo en la tierra, comienza y termina con nuestra propia conducta individual.

Este Nombre acelera el proceso en cada nivel.

MEDITACIÓN

Enciendes La Luz del mesías dentro de ti mismo, dentro de otros y a lo largo del planeta. El concepto del cielo en la tierra se vuelve concebible y alcanzable.

מ.ב.ה

ADIÓS A LAS ARMAS

Las soluciones para lograr la paz nunca son de carácter político, filosófico o militar. La violencia, incluso cuando está justificada, es meramente combatir la oscuridad con más oscuridad.
Las soluciones se deben encontrar en la Luz espiritual y en el alma humana.

EXPLICACIÓN

El conflicto y la guerra entre las naciones comienzan con la fricción entre los individuos. Una nación en guerra simplemente es el efecto de la oscuridad espiritual que nace de la hostilidad y la intolerancia entre los individuos que conforman la nación. Mientras que los hermanos y amigos puedan encontrar una razón para chocar uno con otro, las naciones podrán inventar razones para entrar en batallas sangrientas.

Hemos sido inducidos a creer que nuestras acciones contra otros no tienen un impacto en el resto del mundo. ¡Falso! ¡Las interacciones entre dos personas no sólo contribuyen al estado del mundo, sino que cada interacción transforma completamente al mundo! Pero resulta difícil detectar esta transacción global porque las acciones de todos los demás *también* están transformando al planeta en todo momento. El estado del mundo es meramente la suma total de la interacción humana.

Cuando suficientes personas hagan el esfuerzo por encontrar el bien en el prójimo, súbita y milagrosamente las naciones descubrirán vías para lograr una armonía duradera.

He aquí la fórmula celosamente escondida para la paz mundial. Ésta comienza con nosotros. La paz florece cuando ofrecemos tolerancia incondicional a nuestros vecinos. Sé consciente con completa convicción de que nuestros esfuerzos están cambiando al mundo *entero* en ese preciso momento.

MEDITACIÓN

Así como la luz de un bombillo ahuyenta la oscuridad en una habitación, un conflicto en toda escala, —entre personas discutiendo por un lugar para estacionarse o entre naciones discutiendo sobre un campo petrolero— es traído a un final pacífico a través de la Luz de este Nombre.

VISIÓN DE LARGO ALCANCE

¿Cuántas veces hemos pensado: "debí haberlo visto venir"? Con frecuencia, nuestras vidas están llenas de angustias y problemas simplemente porque fallamos en "ver" realmente la situación que confrontábamos. Pero supón que pudiéramos prever todas las consecuencias del futuro ahora mismo…

EXPLICACIÓN

La Kabbalah enseña que hay 10 "cortinas" implantadas en nuestra conciencia, limitando nuestra capacidad para percibir la verdadera realidad. Como resultado, fallamos al hacer juicios adecuados de las situaciones. Podemos embarcarnos en una relación, confiados en que hemos tomado la decisión correcta, pero ésta se convierte en el peor error de nuestra vida. Las oportunidades de negocio que en principio parecen lucrativas, al final se convierten en agujeros negros financieros.

Igualmente, situaciones que inicialmente parecen no tener esperanzas pueden ser bendiciones disfrazadas.

Al carecer de la capacidad para ver las consecuencias a largo plazo generadas por decisiones tomadas a corto plazo, tenemos una enloquecedora tendencia a generar juicios erróneos.

Antes de formar parte de un matrimonio, de formar una sociedad de negocios o emprender cualquier nueva empresa, podemos utilizar este Nombre para determinar si nos encontraremos con problemas dentro de diez o quince años.

MEDITACIÓN

Tienes el poder de una visión y previsión claras en cada parte de tu vida. Las vendas son retiradas. Captas la relación causa y efecto que gobierna a toda la realidad.
Tus elecciones y acciones en la vida están motivadas por los resultados finales y no por ilusiones momentáneas. Ves más a través de tus ojos; percibes más a través del ojo de tu mente; sientes más a través de tu intuición.

Los 72 Nombres de Dios

> La vida está llena de obstáculos y pruebas que algunas veces nos hacen caer. Cuando perdemos el equilibrio y caemos de cara al suelo, es importante levantarse de nuevo en lugar de hundirse en la duda y la depresión...
>
> Y sacudirnos el polvo de encima.

DESHACERSE DE LA DEPRESIÓN

EXPLICACIÓN

El ascender por la escalera espiritual requiere de mucha más grandeza y fortaleza de la que se necesita para conquistar naciones, construir imperios u obtener grandes riquezas.

Las fuerzas negativas (nuestro ego) que habitan el mundo utilizan un plan de dos etapas en contra nuestra:

1. Nos hacen caer.
2. Nos mantienen abajo a través de sentimientos de culpa y de depresión, provocados por nuestros fracasos.

El levantarse de nuevo genera en el mundo una Luz espiritual de *mayor magnitud* que aquella que se generaría si nunca hubiéramos caído. El hecho de caer no es lo importante. La verdadera grandeza yace en el acto de levantarse de nuevo.

Pero la depresión es un estado emocional muy seductor. De hecho, es muy tentadora porque hace surgir energía en el individuo con un corazón abatido. Pero la naturaleza de esta energía es negativa y nociva, mientras que la energía espiritual de la Luz es positiva y transformadora.

Cuando salimos de nuestra depresión, con la intención de revelar Luz al mundo, nos envuelve la energía positiva, trayendo consigo grandes bendiciones e inmensa alegría para toda la existencia.

MEDITACIÓN

Se te concede la fuerza emocional para ponerte de pie después de un tropiezo, para levantarte después de haber caído y para resistir cuando el camino parece insoportable.

Los 72 Nombres de Dios

¡Estamos en prisión y ni siquiera nos damos cuenta!

לאו

EL GRAN ESCAPE

EXPLICACIÓN

"¿En prisión?" te preguntas.

Sin duda alguna.

Somos rehenes de la presión constante para superar a amigos y colegas. Estamos esclavizados por nuestros caprichos reactivos y deseos egoístas. Somos cautivos de nuestros empleos y de nuestras presiones económicas. Somos prisioneros de la manera en la que los demás nos perciben. Estamos encarcelados por nuestra necesidad de que otras personas nos acepten.

¿Deseas liberarte?

El ego es el cimiento de todas las formas de miseria. Nos obliga a convencer a otros de que nosotros estamos en lo correcto, incluso cuando estamos equivocados e incluso cuando *sabemos* que estamos equivocados. El ego nos da la ilusión de que actuamos con libertad, pero en realidad estamos siendo prisioneros de sus deseos.

Cuando una persona niega tener un ego, pues bien, eso no es otra cosa que el ego trabajando con ahínco, patrullando la prisión.

Si un individuo no puede reconocer a su propio ego en una situación determinada, esto es porque el ego cegó a la persona, colocándola en *confinamiento solitario*.

El ego es una bola y una cadena que nos anclan a la dimensión física, y bloquean nuestra conexión con el crecimiento espiritual; sin embargo, es únicamente en el reino espiritual donde podremos encontrar verdadera dicha y realización.

MEDITACIÓN

Este Nombre trae la mayor de todas las libertades: escapar de los deseos basados en nuestro ego, las inclinaciones egoístas, y la mentalidad de "yo primero". En lugar de esto, ganas los regalos duraderos y verdaderos de la vida: familia, amistad y realización.

17. EL GRAN ESCAPE

Los 72 Nombres de Dios

FERTILIDAD

A veces, una pareja encuentra dificultades para lograr concebir un hijo. Este Nombre es el *ADN espiritual de la fertilidad*.

EXPLICACIÓN

Si creemos, erróneamente, que somos la fuente máxima de nuestra abundancia, bendiciones y milagros, entonces nuestra vida inevitablemente se vuelve tan árida como un desierto. Las almas se hacen estériles debido a un exagerado sentido de importancia personal.

Dar a luz niños, dar a luz nuevas ideas o dar a luz una solución de negocios, todo requiere de la fuerza divina de la fertilidad. Las mentes fértiles y los cuerpos fértiles producen el tipo de milagros y bendiciones que nos llevan a la realización, en el más profundo de los sentidos.

Reconocer y apreciar esta verdad profunda echa a andar este Nombre y lo pone en acción.

MEDITACIÓN

La abundancia y la fertilidad llenan tu ser. Eres impregnado con el poder de la procreación. También puedes meditar en otras personas que están tratando de empezar una familia.

Los 72 Nombres de Dios

COMUNICARSE CON DIOS

¿Estás constantemente recibiendo una señal de ocupado cuando rezas? ¿Hay mucha estática en la línea? ¿Estás constantemente siendo desconectado cada vez que marcas? ¿Es difícil conseguir línea?

EXPLICACIÓN

La Luz está siempre ahí, nunca cambia, siempre tiene la voluntad y la capacidad para cumplir todos y cada uno nuestros deseos, para responder a cada plegaria nuestra. Al igual que la electricidad en nuestros hogares, está siempre presente pero debemos conectarnos a ella para recibir físicamente sus muchos beneficios.

Hay muchas fuerzas negativas que intentan bloquear e impedir el paso de nuestras plegarias a medida que viajan a través del cableado espiritual. Nosotros creamos estas fuerzas negativas con nuestro propio comportamiento negativo y palabras poco amables. De la misma manera que la lluvia helada y el hielo pueden inhabilitar un cableado eléctrico, nuestro frío y amargo comportamiento interrumpe las líneas de comunicación con la fuente de todas las bendiciones.

Este Nombre retira todas las obstrucciones, siempre y cuando reconozcamos que nosotros somos los únicos responsables de lograr que nuestras plegarias sean respondidas. Repara líneas caídas, suprime la interferencia y establece una línea de comunicación segura con el Mundo Superior.

MEDITACIÓN

Marcas. Te conectas. Tus plegarias son respondidas a la velocidad de la "Luz".

Los 72 Nombres de Dios

פהל
VICTORIA SOBRE LAS ADICCIONES

¿Has notado que un mal hábito es más fácil de desarrollar que un buen hábito? Es más fácil desarrollar una adicción por el chocolate que por una calabacita al vapor o por el ejercicio diario.

¿Quieres realizar cambios que duren por más de cuatro semanas? ¡Has llegado al Nombre indicado!

EXPLICACIÓN

A los deseos egoístas de nuestro cuerpo les fue otorgado un dominio total sobre las aspiraciones de nuestra alma, de manera tal que pudiéramos *ganar* la Luz de la realización a través de los retos que acompañan la transformación. En consecuencia, siempre será más fácil sucumbir ante los impulsos reactivos y egoístas que actuar con tolerancia
y amabilidad hacia los demás, en especial cuando nos vemos constantemente acosados por personas irritantes.

No requiere esfuerzo alguno el seguir ciega y descuidadamente los caprichos del ego. Pero se requiere de fuerza y resistencia para hacer que resulten victoriosos los verdaderos anhelos del alma. Sin embargo, ésta es una batalla que no puede ser ganada por los humanos por sí solos. Necesitamos la asistencia de la Luz del Creador si vamos a reclamar el control sobre nuestras vidas y liberar el poder de nuestras almas.

La victoria está en nuestras manos.

MEDITACIÓN

Recuerda cualquier mal hábito o rasgo negativo de tu carácter de los que no hayas podido deshacerte. Este Nombre asegura que obtendrás la victoria por encima de las fuerzas del ego. Eres imbuido por el poder emocional y la disciplina para triunfar sobre todos los impulsos egoístas y los deseos negativos.

ERRADICAR LA PLAGA

Los kabbalistas nos dicen que el concepto de plaga tiene un significado más amplio que el granizo bíblico, las ranas y la oscuridad. Las plagas que aparecen en nuestra generación son mucho más sutiles y engañosas. No hay necesidad de sentirse paralizado y sin esperanza; podemos eliminar las plagas desde su semilla.

EXPLICACIÓN

Hoy 4000 adolescentes empezaron a fumar. En los próximos tres minutos, una mujer será diagnosticada con cáncer de mama. Una tercera parte del mundo está infectada con tuberculosis. En los siguientes 12 meses, más de 180 mil hombres serán afectados por cáncer de próstata. Antes de terminar los estudios de primaria, el niño norteamericano promedio habrá presenciado unos 8000 asesinatos en televisión. En los siguientes 60 segundos, se arrojarán a la atmósfera 12 mil toneladas de dióxido de carbono. En los siguientes 60 minutos 1800 niños morirán por causa del hambre y la malnutrición. Para mañana, 25 mil personas morirán debido a la escasez o a la contaminación del agua. Más de 25 millones de norteamericanos compran productos que contienen nicotina.
Uno decada 1.500 estudiantes universitarios es VIH positivo. Una de cada cuatro mujeres padece de algún desorden alimenticio. En los siguientes 12 meses, aproximadamente 13 millones de personas serán víctimas del crimen.

Hoy, si una docena de personas en un mismo lugar súbitamente caen enfermas, los medios declaran una epidemia. ¡Pero cuando más de 500 mil personas mueren por enfermedades relacionadas con el hábito de fumar en sólo un año, ninguno lo llama una plaga!

Hay dos razones para esto: las muertes estaban esparcidas en el tiempo y el espacio. Ocurrieron en el curso de un año y sucedieron en diferentes partes del mundo.
La influencia del tiempo y el espacio nos ciegan ante la realidad de las plagas modernas que acechan entre nosotros.

Este Nombre es tanto el antídoto como la medicina preventiva para la causa profunda de todas las plagas que pueden afligir a nuestro mundo.

MEDITACIÓN

Piensa en el fumar, el cáncer, el SIDA, la contaminación, los desechos nucleares, la depresión, las enfermedades cardíacas, el odio o cualquier otra plaga que infecte al mundo. Ahora invoca a la Luz para que elimine estas plagas de raíz.

Los 72 Nombres de Dios

¿Te has preguntado alguna vez por qué atraes tanta gente inadecuada a tu vida?

Me lo imaginé.

ל·ל·ה

DETENER LA ATRACCIÓN FATAL

92

EXPLICACIÓN

Gente negativa y destructiva muy a menudo encuentra su camino hacia nuestras vidas. Al principio pueden ser divertidas, amigables y muy agradables de tener cerca. Podemos pensar que quieren ser amigos cercanos o que genuinamente quieren ayudarnos. Pero terminan por robarnos nuestra energía y privarnos de nuestra Luz espiritual.
¿El resultado? Nuestras defensas se debilitan y nos volvemos vulnerables física, mental, emocional y espiritualmente.

Hace 2000 años, los supremos sacerdotes del sagrado templo de Jerusalén utilizaron este poderoso Nombre para extinguir la energía negativa y restablecer la Luz espiritual perdida a través del contacto con una persona negativa o malvada.

MEDITACIÓN

Aquí te conviertes en el sumo sacerdote en el templo de tu propio ser.
A través del poder de este Nombre, tu alma es imbuida por energía divina, y la gente malvada es ahuyentada de nuestra presencia.

Los 72 Nombres de Dios

מ.ל.ה

COMPARTIR LA LLAMA

Una sola vela reduce la oscuridad de un gran auditorio; pero ninguna cantidad de oscuridad puede extinguir su llama titilante. Incluso si la oscuridad se expandiera, esto no tendría efecto alguno sobre el brillo radiante de la vela.

EXPLICACIÓN

La oscuridad y la maldad no tienen poder alguno en presencia de la Luz.

La relación entre la luz y la oscuridad en el mundo cotidiano revela un profundo secreto de espiritualidad. La oscuridad *sólo* puede existir en ausencia de la luz. Compartir con otra alma la sabiduría de estos 72 Nombres es como encender una vela en la oscuridad de nuestro mundo, porque el conocimiento y las letras mismas son el contenido y la sustancia de la Luz espiritual. Entre más compartamos estas herramientas, más disminuiremos nuestra propia naturaleza egoísta y la oscuridad en el mundo.

Las letras de este Nombre se derivan de un versículo bíblico en el *Árbol de la Vida*, y su poder es el de traer la inmortalidad y la alegría sin fin. La Kabbalah enseña que el Árbol de la Vida es una referencia codificada al Mundo Superior, donde reside el 99% de la realidad. Esta infinita dimensión oculta es la verdadera fuente de toda alegría, sabiduría e iluminación.

MEDITACIÓN

Concéntrate en compartir la Luz con tus amigos, tu familia y con toda la gran familia que es la humanidad. Lleva este Nombre contigo al mundo real, y comparte estas herramientas con otros. Pide la fuerza para poder hacer lo que dices.

En tu mente, visualiza las aperturas y las oportunidades en el mundo para lograr la diseminación global de esta antigua sabiduría.

Debes saber que este Nombre está despertando las fuerzas de la inmortalidad e incrementando el gozo en el mundo. No esperes ni exijas nada menos.

Los 72 Nombres de Dios

Cuando los problemas del mundo nos pesan demasiado —pobreza, hambruna, enfermedad, terrorismo y odio— podemos hacer algo al respecto. Podemos atender la causa de fondo: nuestros propios celos.

CELOS

EXPLICACIÓN

El Mundo Superior es como una gran cámara cósmica de eco. Maldice a los cielos ¿y qué sucede? ¡La cámara regresa el eco de la maldición a su punto de origen!

La Kabbalah nos dice que la región elevada del Mundo Superior se agita cuando nuestro propio mundo se agita. Los conceptos de "arriba" y "abajo" se refieren tanto a los aspectos físicos como a los espirituales de los seres humanos —el cuerpo y el alma— y a las conmociones "superiores" e "inferiores" del cosmos y de la Tierra.

Todo está unido en una sola bulliciosa danza de la Creación.

El caos y el conflicto que afligen a nuestra generación se originan en las fuerzas negativas que se arremolinan en los Mundos Superiores. Pero estas fuerzas oscuras tienen origen en las acciones individuales y colectivas de los seres humanos.
Son el eco de nuestras propias acciones destructivas.

Aunque nos puede resultar difícil aceptarlo, nuestras palabras hirientes, nuestras miradas celosas y pensamientos envidiosos acerca de otros tienen un efecto negativo acumulativo sobre el reino espiritual, lo cual a su vez genera sufrimiento personal y global. Para erradicar la oscuridad y el caos de la existencia humana, debemos extinguir las fuerzas paralelas en los Mundos Superiores por medio del poder de este Nombre.

MEDITACIÓN

Asciendes al Mundo Superior para disminuir las fuerzas de la oscuridad provocadas por tus miradas celosas y pensamientos envidiosos; a cambio, disminuyes el dolor y el sufrimiento en el mundo.

DECIR LO QUE PIENSAS

Yo nunca les impongo el infierno. Solo les digo la verdad y ellos creen que es el infierno.
 —Harry Truman

Cuando necesitas decir la verdad pero lo encuentras difícil, utiliza este Nombre tan pronto como tu corazón comience a latir rápidamente. De la misma manera, cuando necesitas abrirte a duras verdades acerca de ti mismo, usa este Nombre en el mismo instante en que te pongas a la defensiva.

EXPLICACIÓN

Es difícil ser amorosamente honesto con otros. Cuando surge una oportunidad para confrontar a alguien con la verdad, nos encerramos; nuestros corazones se aceleran y la adrenalina se libera ante la mera posibilidad de decir lo que pensamos.

El miedo a decir o a escuchar la verdad es el obstáculo más grande al que nos enfrentamos en nuestro deseo de experimentar relaciones que sean genuinamente satisfactorias, honestas y amorosas. Cuando nos guardamos algo, ese *algo* nos separa de la otra persona. Si no estamos abiertos a escuchar las palabras de otros sin reaccionar o tomarlas personalmente, nos distanciamos de esos individuos.

Siempre es más fácil decirle a la gente lo que desea escuchar. Con frecuencia, es más cómodo estar de acuerdo con alguien, incluso si en nuestros corazones no estamos de acuerdo. Y ya que puede ser igualmente atemorizante confrontar realidades dolorosas acerca de nosotros mismos, nuestros amigos y nuestra familia pueden sentirse obligados a decirnos sólo lo que nosotros queremos oir.

MEDITACIÓN

Cuando necesitas decir la verdad, este Nombre te da el valor necesario para abrir tanto tu corazón como tu boca.

Cuando necesitas oir la verdad, este Nombre te da fuerza para abrir tus oídos y cerrar tu boca.

Los 72 Nombres de Dios

ה.אא ORDEN A PARTIR DEL CAOS

Nunca tan larga y ancha
Tuve una pieza de pan tostado
Pero se cayó sobre la arena
Siempre del lado enmantequillado.
—James Payn

EXPLICACIÓN

Cualquier cosa que pueda ir mal, irá mal.
—Ley de Finagle de los Negativos Dinámicos

Si hay dos o más maneras de hacer una cosa y una de ellas puede resultar en una catástrofe, entonces alguien la hará.
—Edward A. Murphy Jr. (Ley de Murphy)

La posibilidad de que un pedazo de pan caiga con el lado untado de mantequilla hacia abajo es directamente proporcional al precio de la alfombra.
—Corolario de Jennings a la Ley de Gravedad Selectiva de Murphy

La fila de al lado siempre se mueve más rápido
—Observación de Etorre

Nunca hay suficiente tiempo para hacerlo bien, pero siempre hay tiempo para hacerlo de nuevo.
—Ley de Meskimen

El valor numérico de este Nombre particular es siete, un número altamente significativo en la Kabbalah. Los kabbalistas dicen que existen diez dimensiones que forman la realidad. Las más elevadas de estas diez dimensiones, denominadas Las Tres Superiores, existen fuera de nuestra realidad física. Sin embargo, Las Siete Inferiores interactúan directamente con nuestro mundo físico. Por esta razón, el número siete aparece en muchas partes: siete colores del espectro, siete notas en la escala musical, siete mares, siete continentes, siete días de la semana y el descanso del séptimo día.

¡Las cosas pueden ir terriblemente mal en el mundo, y en nuestras vidas, cuando estas siete dimensiones no se encuentran alineadas!

MEDITACIÓN

La armonía siempre subyace tras el caos. Con este Nombre se restauran el balance y la serenidad entre los siete días de la semana. El orden emerge del caos. No sólo no caerá tu pan tostado con el lado untado de mantequilla hacia abajo, sino que ¡simplemente no caerá!

Los 72 Nombres de Dios

י·ר·ת

SOCIO SILENCIOSO

Todo aquél que venga a este mundo debe elegir un "socio silencioso": la Fuerza Oscura o la Luz del Creador. Haz tu elección.

EXPLICACIÓN

Existen dos tipos de riqueza: la espiritual y la física.

La manera en la que se dividen estos activos espirituales y físicos depende del socio silencioso que elijamos; después de todo, todo socio quiere una parte de la acción.

Si escogemos a la Fuerza Oscura como nuestro socio silencioso, nos permitirá mantener el 100% de la riqueza material, pero exige 90% de nuestra Luz espiritual, de la cual nos devolverá el 10%, bajo la forma de alguna gratificación momentánea. Entonces, la Fuerza Oscura utiliza el 90% de la Luz restante para fortalecerse a sí misma y hacer estragos en el mundo (y en nuestras vidas particulares).

Si elegimos a la Luz como nuestro socio silencioso, conservaremos el 100% de la Luz y el 90% de la riqueza física. Lo único que debemos hacer es dar un diezmo, un 10%, a la Luz en forma de caridad.

El concepto de diezmar, donar el 10% de nuestros ingresos, también tiene como finalidad *eliminar* la influencia de la Fuerza Oscura sobre nuestras vidas.

Si la fuerza negativa permanece adherida a nuestro sustento financiero, finalmente su influencia hará que nuestra buena fortuna desaparezca. El donar el diezmo —10% de nuestros ingresos— no disminuye nuestro bienestar. Por el contrario: trae mayor prosperidad y alegría a todas las áreas de nuestra vida. El efecto del socio silencioso implica que siempre tenemos a uno o al otro con nosotros. La elección es nuestra.

MEDITACIÓN

Dar el diezmo y meditar sobre esta secuencia de letras, elimina la presencia de la Fuerza Oscura de tus ingresos y su influencia destructiva de tu vida. Ahora la Luz es tu socio silencioso, trayéndote un sinfín de bendiciones y de protección. ¡Es una sociedad hecha en el cielo!

Los 72 Nombres de Dios

ש א ה

ALMA GEMELA

¿Buscando la cita perfecta, el compañero ideal, amigos verdaderos, empleados leales o el socio adecuado para los negocios?

EXPLICACIÓN

Cuando una sola alma unificada está lista para ingresar a esta dimensión material, primero es dividida en dos mitades, una masculina y otra femenina. Mientras que estas dos mitades de una misma alma se someten a transformaciones en el mundo físico, ya sea a través del sufrimiento y penosas pruebas o a través de la transformación espiritual proactiva, se van acercando progresivamente una a la otra. La unión de estas dos mitades de una misma alma es un destino inevitable, pero el momento en que esto suceda depende de su nivel de espiritualidad.

Cuando el momento es el adecuado, las verdaderas almas gemelas se encuentran *incluso* si están a mundos de distancia, ya sea físicamente, en lados opuestos del planeta, o espiritualmente, con estilos de vida y antecedentes muy diferentes.

Más aún: el concepto de almas gemelas no se refiere únicamente al matrimonio. El concepto de almas gemelas se aplica también a las relaciones con los amigos, con los colegas y con los socios en todo tipo de empresa compartida.

MEDITACIÓN

Esta secuencia de letras activa la energía de las almas gemelas. Atraes a la otra mitad de tu alma. Todas tus relaciones existentes se enriquecen profundamente, al ser impregnadas con la energía del alma gemela.

Los 72 Nombres de Dios

> *He visto al enemigo, y ellos somos nosotros.*
> —Pogo

ה.י.י

ELIMINAR EL ODIO

EXPLICACIÓN

Toda destrucción, incluyendo los desastres naturales, ocurre por una razón: el odio de la humanidad hacia nuestros semejantes.

La Kabbalah enseña que los tornados, las inundaciones, los terremotos y las enfermedades nacen del odio colectivo que arde en nuestros corazones. A decir verdad, los llamados desastres naturales no existen, a pesar de lo que dicen nuestras pólizas de seguros. La conducta humana y el corazón humano son los únicos factores determinantes en cuanto a lo que ocurre en nuestro ambiente y lo que acontece entre las naciones.

He aquí lo que los kabbalistas de la antigüedad decían a este respecto: *Si una persona presencia cualquier forma de odio, ya sea en su propia calle o en cualquier parte del mundo, esto significa que esta persona aún tiene alguna medida de odio que persiste en su propia alma.*

Si guardamos aun el más ligero vestigio de odio y animosidad hacia otra persona por —cualquiera que sea la razón, válida o inválida, así estemos conscientes de ello o lo neguemos— traeremos destrucción al mundo.

Al limpiar de odio nuestros corazones, podemos remediar todos los problemas del mundo, inmediatamente, al nivel de la raíz.

MEDITACIÓN

¡Sé dolorosamente honesto! Reconoce toda persona o grupo de personas hacia las que sientes enojo, envidia, malicia, disgusto absoluto o cualquier combinación de estos sentimientos. ¡Con la Luz de este Nombre, deja caer estos sentimientos como una carga de ropa sucia en la lavadora!

Los 72 Nombres de Dios

אום

CONSTRUIR PUENTES

Cuando nuestras plegarias no reciben respuesta, cuando hay más oscuridad que Luz en nuestras vidas, cuando la confusión reina sobre el orden, hay una razón para esto: ¡Hemos cortado nuestra conexión con el reino perfecto del Mundo Superior!

EXPLICACIÓN

Este es uno de los pocos Nombres que puede ser pronunciado como palabra; al pronunciarlo suena como *Om*[1] y es el origen del mantra *Om* que se canta en los sistemas espirituales orientales.

Hacer una meditación visual sobre estas formas únicas, genera la conexión más elevada con el Mundo Superior. Crea un puente entre la realidad física y la fuente primaria de alegría y satisfacción en la dimensión espiritual.

Sin embargo, al construir un puente hacia el Mundo Superior, debemos también construir puentes con la gente que figura en nuestras vidas, amigos y también enemigos. Debemos primero reparar algunas relaciones en nuestras vidas.

No podemos obtener lo uno sin lo otro.

MEDITACIÓN

Con el poder de este Nombre, extiendes una mano amiga a los individuos con los que estás en conflicto, ¡incluso si te deben dinero! Despiertas la compasión y te armas del valor necesario para levantar el teléfono y llamar a esa persona en este momento. ¡Y eso significa ahora mismo! Al hacer esto, estarás construyendo un puente hacia el Mundo Superior.

---

[1] Se transcribe *Aum* en inglés (N. del T.).

Los 72 Nombres de Dios

Cuando sentimos ganas de rendirnos…

ל.ב.ב | **TERMINAR** LO QUE COMENZASTE

EXPLICACIÓN

Los obstáculos, tanto externos como autoimpuestos, con frecuencia nos impiden cumplir con nuestros objetivos. Es fácil sentirse entusiasmado y tener optimismo al comienzo de un nuevo esfuerzo. Sin embargo, hay muchos tipos de retos que a menudo evitan que alcancemos nuestras metas. Entonces aplazamos y posponemos, y nuestra pasión se debilita.

Los obstáculos internos incluyen el miedo, la frustración, la tendencia a olvidar, la duda y la pereza.

Los retos externos aparecen en todas formas y tamaños, pero son solamente una prueba. El imponente y proverbial muro de ladrillos que vemos frente a nosotros es usualmente una cortina suave y acolchada, pintada artísticamente e ingeniosamente disfrazada para que se vea como una pared de ladrillo, *¡únicamente para impedir que siquiera tratemos de atravesarla!*

Nadie dijo que el camino al logro personal y a la grandeza espiritual fuera fácil. Pero es un camino que se puede recorrer exitosamente y alcanzar el destino final, mientras observamos y disfrutamos de un paisaje pintoresco.

MEDITACIÓN

Estás dotado con el poder para terminar todo lo que comienzas, en especial las tareas y metas de naturaleza espiritual.

Los 72 Nombres de Dios

ו·ש·ר

RECUERDOS

¿Cometes constantemente el mismo error, una y otra vez? ¿Te encantaría romper ese ciclo?

EXPLICACIÓN

Cuando cometemos un error grave en nuestras vidas y terminamos pagándolo con creces, juramos no volver a repetirlo. Hemos aprendido nuestra lección, nos decimos a nosotros mismos. Pero a medida que pasa el tiempo desaparece gradualmente el dolor provocado por el error y olvidamos el alto precio que pagamos.

De acuerdo con la Kabbalah, la oportunidad de cometer el mismo error inevitablemente vuelve a nosotros, esta vez en una forma ligeramente diferente, tel vez a través de una circunstancia diferente o con alguien distinto. Pero el problema que subyace es exactamente el mismo. Debemos confrontar este error una y otra vez hasta que logremos hacer parte de nosotros la lección y eliminemos el rasgo negativo que inicialmente nos hizo caer.

Cada vez que cometemos el mismo error, nuestro dolor y nuestro pago se incrementan.

MEDITACIÓN

El poder de la memoria surge en tu conciencia. Las enseñanzas de la vida se graban profundamente en tu ser, incluyendo las lecciones y sabiduría contenidas en las páginas mismas de este libro. Este Nombre también borra los recuerdos negativos y activa mayor capacidad de retención en tu memoria.

Los 72 Nombres de Dios

> *El truco más grande que el Diablo hizo fue convencer al mundo de que él no existía.*
> —Keyser Soze, en la película *Sospechosos Habituales*[2]
>
> ¿Alguna vez te has preguntado por qué a la gente buena le suceden cosas aparentemente malas?

REVELAR EL LADO OSCURO

[2] "The Usual Suspects", el título original en inglés (N. del T.)

EXPLICACIÓN

Nuestro propósito en la vida es encontrar la Luz que fue ocultada en el momento de la Creación. Ese propósito se puede cumplir si logramos ubicar el escondite; que es *todos y cada uno* de nuestros rasgos negativos.

Podemos arribar a este mundo bendecidos con una naturaleza 99,9% positiva, pero aún puede existir un rasgo negativo pequeño, casi microscópico, oculto en algún lugar dentro. Si lo ignoramos, la vida nos dará pequeños golpecitos en la cabeza. Si continuamos ignorándolo y nos preguntamos: ¿Por qué yo?, los golpes se volverán más fuertes.

Así, ¿qué se supone que debe hacer la gente buena como nosotros?

Cuando la luz del sol brilla a través de las rendijas de una persiana, miles de partículas de polvo son visibles en los rayos de luz. Pero hasta que llegó la luz del sol, no pudimos detectar el polvo y la suciedad que se arremolinaban en el aire.

La Luz de este Nombre trabaja de la misma manera. Cuando permitimos que esta Luz espiritual brille en nuestras vidas, revela cualquier rasgo egocéntrico que todavía mancha nuestra naturaleza.

Activemos este Nombre cuando nos encontremos preguntándonos a nosotros mismos: "¿Qué hice?".

MEDITACIÓN

La Luz brilla. Reconoces las fuerzas negativas aún activas dentro de ti mismo. Tus impulsos reactivos ya no representan un misterio. Con el poder de este Nombre, ¡son historia!

OLVIDARSE DE SI MISMO

Constantemente nos estorbamos a nosotros mismos. Creemos que somos listos, inteligentes y capaces de resolver nosotros solos nuestros problemas, sin ninguna ayuda desde arriba. Este Nombre nos hace a un lado de un codazo y permite que la Luz entre y haga el trabajo.

EXPLICACIÓN

El Árbol de la Vida se refiere al Mundo Superior que existe más allá de nuestros cinco sentidos; una dimensión infinita llena de Luz y de energía divina. El Árbol de la Vida es un reino de perfección absoluta.

Cuando sanamos de una enfermedad, la Luz de sanación ha fluido desde este reino. Cuando tenemos éxito financiero, la fuerza de la prosperidad se deriva de esta dimensión. Cuando se crea una vida, la fuerza vital que sostiene a todas las criaturas es emitida desde esta realidad idílica.

Pero hay una advertencia: el Árbol de la Vida hará descender una de sus ramas a este mundo solamente si existe un deseo intenso por agarrarse a sus ramas. Los anhelos profundos convocan al Árbol de la Vida.

Una cosa evita que lo hagamos: el ego.

Nosotros somos nuestros peores enemigos. Permitimos que nuestros egos estorben nues-tro camino al éxito. Nos aferramos a nuestras propias opiniones. Cuanto más nos contradice la gente, más nos aferramos a nuestras ideas. Nos duele enormemente abandonar los puntos de vista que hemos sostenido por largo tiempo.

Es propio de la naturaleza humana utilizar cuanta energía se requiera para probar un punto sin importar el costo. Como resultado, nos seduce tomar decisiones que gratifican al ego pero lesionan al bien común. Con frecuencia rechazamos las ideas de otros porque no se originaron en nuestras ingeniosas cabecitas. Hasta podemos anhelar secretamente el fracaso —aun cuando nos perjudique— si un plan se origina en alguien que hizo caso omiso de nuestro consejo.

MEDITACIÓN

Ahora trasciendes tus propios límites, de tal manera que logras aferrarte al Árbol de la Vida. La felicidad sale a tu encuentro ahora que el ego ya no está en el centro de la escena. Dominas el arte de evitar estorbar en tu propio camino al desprenderte de toda obstinación.

Los 72 Nombres de Dios

ENERGÍA SEXUAL

El sexo vibra con energía intensa y provoca un estado de conciencia elevado. Pero no es suficiente que encendamos la llama; también debemos tener valor para *sintonizarnos*. Al *sintonizar* el propósito espiritual del sexo, encendemos la pasión en nuestra energía sexual. Este Nombre es nuestra llave para el encendido.

EXPLICACIÓN

Tendemos a ver el sexo como un juego mecánico, en lugar de un acto sagrado lleno de espiritualidad que es capaz de generar placer duradero. En la Kabbalah, lo cósmico y lo erótico están íntimamente ligados.

Existe una conexión bien definida entre el vasto universo y nuestra vida sexual personal. La atracción, la excitación, las caricias, la fricción, las chispas y la fusión de dos personas que hacen el amor tienen implicaciones místicas enormes. El beso o las caricias sensuales de un ser amado contienen chispas de la Luz.

Cada vez que lo masculino y femenino se unen en el amor, nuestro mundo físico se une al Mundo Superior, trayendo Luz a toda la existencia. Por lo tanto, hacer el amor también es "hacer Luz"... para la pareja unida en el abrazo y para el mundo en general. Es una experiencia que solamente puede ser descrita como *sexo divino*.

La clave para esta unificación es evitar el sexo egoísta. El deseo egocéntrico y el ego evitan que se haga la conexión cósmica, y es en ese momento que la energía sexual comienza a perderse en nuestras propias relaciones.

MEDITACIÓN

Purificas tus deseos de manera que compartes el amor y la energía con tu pareja, poniendo sus deseos por encima de los tuyos. Enciendes la energía sexual para que tu pasión ayude a elevar toda la existencia. Recuperas la Luz que se perdió debido a cualquier actividad sexual egoísta anterior.

Los 72 Nombres de Dios

מ.נ.ד

(SIN)TEMOR

La vida no se trata de sobrellevar los miedos, ni se trata de ir *sobreviviendo* a asaltos de ansiedad o solamente *ir pasando* a través de ataques de pánico. La vida se trata de lograr absoluta felicidad, libertad total y satisfacción verdadera.

No te conformes con menos.

EXPLICACIÓN

Antes de alcanzar el paraíso y la plenitud, debemos primero recorrer un árido desierto. Antes de que haya Luz, hay oscuridad.

Nuestro esfuerzo personal por crear Luz en la oscuridad expresa el deseo más profundo de la humanidad: el ser la causa verdadera de nuestra propia felicidad. No te equivoques: Fueron las almas de la humanidad —la tuya y la mía— las que eligieron este camino de transformación y de realización.

Con frecuencia, nuestros miedos son los obstáculos más grandes que se nos oponen. Pueden estorbar y convertirse en una carga para nuestra existencia, hasta el punto en que nos preocupamos meramente por cómo lidiar con ellos. Pues bien, olvídate de lidiar con ellos. ¡Este Nombre es acerca de sanar!

El miedo que incapacita no es más que una ilusión. El miedo es un engaño y debemos evitar este engaño, ¡porque justo al otro lado del miedo reside el paraíso! Si huimos de nuestros miedos, estamos huyendo de la realización de nuestros anhelos y necesidades más profundos.

MEDITACIÓN

Pregúntate: "¿A qué le temo?" La valentía para conquistar tu miedo se alza ahora dentro de ti. Confrontar tus miedos de manera proactiva cuando son una semilla, te permite arrancarlos de raíz. Los *extirpas* totalmente de tu ser.

EL PANORAMA COMPLETO

Cuando queremos comprender lo que es realmente la vida, estas letras nos dan "el cuadro completo", el cual siempre incluye las bendiciones que están ocultas en los obstáculos y retos a los que nos enfrentamos.

EXPLICACIÓN

Una pequeña niña ve por primera vez en su vida la semilla de una manzana. No está segura de qué hacer con ella. Un día observa a su padre enterrar la semilla en la tierra; después, crece un árbol que produce manzanas rojas y brillantes. De ahora en adelante, cada vez que la niña ve una semilla, también ve el árbol oculto en la misma.

Un día la niña toma una manzana del árbol y dentro de ella descubre un montón de semillas de manzana. *Ahora*, cuando ella mira una semilla de manzana, percibe el árbol, la manzana, las nuevas semillas e incluso los muchos manzanos que algún día existirán. Y todo esto lo entiende en un momento, simplemente mirando una semilla.

Así es como la sabiduría funciona en verdad. Es fácil atorarse en los detalles de la vida y perder el cuadro completo. Realizamos acciones sin considerar sus consecuencias futuras. Pero así como la manzana está contenida en la semilla, cada efecto que se materializa en nuestras vidas tiene su origen en una acción previa realizada *por nosotros*.

Ver el cuadro completo significa aprender a convertirnos en los Creadores de nuestra propia satisfacción: darnos cuenta de que la Luz es la fuente de toda alegría, ¡y no conformarnos con menos! Significa comprender el propósito detrás de un problema y la Luz potencial que nos espera cuando confrontamos nuestros problemas de manera proactiva.

MEDITACIÓN

Este Nombre eleva tu conciencia sobre los efectos que a largo plazo tienen todas tus acciones. Ves el panorama completo de los retos espirituales en todo momento, antes de que puedan convertirse en el fundamento del caos y de la crisis.

Los 72 Nombres de Dios

CIRCUITO

ר·ע·מ

SISTEMA DE CIRCUITOS

Palabra buscada en el diccionario: **Agujero negro**
Definición:
Sustantivo
1. Fenómeno cosmológico con un campo gravitacional tan fuerte que ni siquiera la luz puede escapar de él.
2. Algo que se parece a un agujero negro, tal como algo que consume un recurso constantemente: un agujero negro financiero.

EXPLICACIÓN

El constante *deseo de recibir sólo para sí mismo* crea una fosa sin fondo, un agujero negro que eventualmente nos deja en la oscuridad. El lado oscuro de nuestra naturaleza nos dice que cuando compartimos le estamos haciendo un favor a otros. Nuestro ego nos hace inconscientes del hecho de que recibimos cuando damos algo a otros.

Podemos apoderarnos egoísta y ambiciosamente de todo lo que la vida ofrece, o podemos apreciar lo que recibimos y, de ello, compartir una porción con otros. *Recibir para compartir* crea un circuito, un flujo constante de buena fortuna en nuestras vidas.

El secreto detrás de compartir se encuentra en el valor numérico de este Nombre de Dios en particular: 118, exactamente el mismo valor numérico de la palabra hebrea que significa "tomará".

Cuando compartimos, en realidad estamos *tomando* y recibiendo bendiciones a cambio. Pero si compartimos con una conciencia de que estamos "renunciando a algo" o "haciéndole un favor a alguien", se rompe el circuito. Igual que la luz atrapada en un agujero negro, las bendiciones que nos corresponderían son incapaces de alcanzarnos.

MEDITACIÓN

Este Nombre te ayuda a recibir cuando compartes y a compartir cuando recibes. Ves la oportunidad que da el compartir y estás consciente de que cuando recibes con la actitud correcta, también estás compartiendo. Este es el sistema de circuitos de la vida. Conéctate a él, sal del agujero negro y entra a la Luz.

Los diamantes son la forma cristalina del carbono. La presión a la que se somete un pedazo de carbón durante millones de años lo convierte en una piedra preciosa.

De la misma manera, todos los problemas de la vida pueden transformarse en brillantes oportunidades. Con este Nombre, ¡esto no tiene que tomar millones de años!

ע‎ה‎ר‎

DIAMANTE EN BRUTO

EXPLICACIÓN

En el momento que cambiamos nuestra conciencia y reconocemos el valor espiritual oculto dentro de las dificultades que enfrentamos, se crea un nuevo y fulgurante diamante. Es más, ¡entre más grandes son nuestros obstáculos, más resplandeciente es el diamante que creamos!

La Kabbalah enseña que este Nombre es la herramienta espiritual secreta utilizada por Moisés para traer el maná del cielo, cuando los israelitas sufrían hambre en el desierto. El maná podía tener cualquier sabor que la persona deseara. Mediante este sagrado Nombre de Dios, *nosotros* obtenemos el poder para cambiar la oscuridad a Luz, y los agobios a bendiciones. Tenemos la habilidad para transformar todas nuestras circunstancias en fuentes de alegría y satisfacción.

Pero ¡Cuidado!: nuestra propia conciencia influye directamente en nuestra realidad. Es decir: si nuestra cabeza está llena de negatividad, si estamos absortos en nosotros mismos o nos sentimos victimas por un problema, el pedazo de carbón continuará siendo un simple pedazo de carbón. Incluso los diamantes que poseemos en la actualidad inevitablemente se nos escaparán entre los dedos y se perderán, hasta que elevemos nuestra conciencia.

MEDITACIÓN

Con este Nombre, lograrás nada menos que una transformación completa de las situaciones negativas en oportunidades positivas y bendiciones. El maná te llueve del cielo. La vida comienza a tener cualquier sabor que tu alma desee o imagine.

Los 72 Nombres de Dios

¿Alguna vez dijiste algo que lamentaste profundamente, *y te encontraste a ti mismo pagando un alto precio por ello muchos años después?* Las palabras pueden herir a otros, pero también pueden impregnarnos con bendiciones y transformar nuestra realidad.

HABLAR CON LAS PALABRAS CORRECTAS

128

EXPLICACIÓN

Las palabras tienen poder. Encienden fuerzas espirituales que influyen en los eventos y circunstancias de nuestras vidas. Por ejemplo, la Kabbalah dice que el chisme difamatorio incrementa en nuestro mundo las enfermedades trasmitidas por el aire. Difamar a una persona inflige daño físico y espiritual a la víctima y también a la persona que pronuncia las palabras difamatorias.

Sin embargo, debido al libre albedrío, estas verdades se encuentran ocultas de nuestras mentes racionales por lo estrecho del pensamiento egoísta, que nos es innato y se opone a cualquier cuestión metafísica. Entonces, ¡resulta fácil para nosotros descartar y no tomar en consideración el poder y la influencia de la palabra hablada, junto con la *responsabilidad* que la acompaña!

Nuestras palabras emergen ya sea de nuestro ego o de la Luz. Cuando permitimos que la Luz hable en nuestro nombre, nuestro discurso llena a otros de esperanza, bendiciones, amor e inspiración.

De acuerdo con la Kabbalah, venimos a este mundo con una cantidad predeterminada de palabras negativas que se nos permite pronunciar. Cuando esta cantidad se agota, la muerte nos vence.

¿Te imaginas si únicamente pronunciáramos palabras positivas, motivadas por la Luz?

MEDITACIÓN

Silencia tu ego. Oprime el botón de silencio. Ahora invoca a la Luz para que hable en tu nombre, en todas las ocasiones, de manera que cada palabra eleve tu alma y a toda la existencia.

Los 72 Nombres de Dios

AUTOESTIMA

En lugar de entregar nuestro destino a rabinos, sacerdotes, curanderos, médicos, abogados u otro tipo de asesores, los 72 Nombres —y este Nombre en particular— nos dan el poder para establecer nuestra propia conexión con la Luz y así resolver nuestros propios problemas. ¡Ésta es la tecnología de autoayuda original!

EXPLICACIÓN

Cuando se crearon las almas de la humanidad, éstas heredaron el ADN de su Creador. De acuerdo con los sabios, este *gen de Dios* permanece dormido en nuestra alma hasta que lo activamos mediante la tecnología de la Kabbalah. Entonces se libera en una proporción directa a nuestra transformación personal y a la ascensión que hayamos logrado en la escalera espiritual.

Al final, tenemos el poder para resolver todos nuestros problemas. Como ves, en verdad Dios no responde a nuestras plegarias. Nosotros lo hacemos.

Mientras crecemos, nos transformamos, elevamos y evolucionamos espiritualmente al confrontar nuestro propio caos directamente —no evadiéndolo mediante el escapismo o la falsa espiritualidad—, nuestra propia chispa de divinidad y piedad destella con un brillo que se incrementa permanentemente.

Está en nosotros.

Siempre lo ha estado.

MEDITACIÓN

Con la energía divina que contiene esta secuencia de letras, estás conectado con el poder de los sumos sacerdotes del templo de Jerusalén, para curar y establecer el bienestar en todas las áreas de la vida.

REVELAR LO OCULTO

מ.י.כ

El ego distorsiona la realidad de tal manera que solamente vemos lo que él quiere que veamos. Este Nombre acaba con lo estrecho de nuestra visión y detiene las alucinaciones, de tal manera que logramos percibir la verdad en nuestras circunstancias cotidianas y ver las cosas como son realmente.

EXPLICACIÓN

La Kabbalah enseña que el ocultamiento siempre precede a la revelación:

- Una semilla es ocultada en la tierra para producir un árbol.

- Un bebé se encuentra oculto en el vientre antes de nacer en este mundo.

- Un nuevo invento se encuentra oculto en la mente del inventor antes de materializarse.

- La energía eléctrica debe estar oculta dentro de un cable para expresar su poder en nuestras vidas.

- Un escritor oculta ideas y principios dentro de metáforas e historias para revelar verdades universales en la mente del lector.

La Luz genuina del Creador y las verdades más importantes de la vida también se encuentran primero ocultas antes de ser reveladas. Depende de nuestro esfuerzo el revelar estas verdades, para restablecer la Luz en el mundo y así abolir eternamente del panorama de la existencia humana el dolor y el sufrimiento, el engaño y el odio.

MEDITACIÓN

Pones de manifiesto los poderes de observación para ver la verdad ...
¡Y el valor para afrontarla!

Los 72 Nombres de Dios

DESAFIAR LA GRAVEDAD

Nuestro verdadero destino es el control de toda la realidad a través de la fuerza de nuestra imaginación, con el poder de nuestros pensamientos guiados por la Luz que se encuentra dentro de nuestras almas.

¿Cómo manifestamos este destino?

EXPLICACIÓN

Todos fantaseamos acerca de tener el poder de *la mente sobre la materia*. Pero de acuerdo con la Kabbalah, ¡ya lo tenemos! Y lo utilizamos a diario sin siquiera darnos cuenta.

He aquí el problema: el 99% de nuestros pensamientos y nuestra conciencia es controlado por el ego. Así, nuestros pensamientos negativos influyen en detrimento de la realidad física. Todos los problemas del mundo —la enfermedad, los terremotos, la hambruna, el crimen, el ocultamiento de la Luz de Dios, la falta de creencia en la realidad del alma humana— son resultado de nuestra conciencia negativa y egocéntrica. A cada momento, creamos esta realidad. El pesimismo, las dudas y el cinismo se convierten en profecías que llegan a cumplirse. Es aun más irónico el hecho de que nuestra habilidad innata de tener el poder de la mente sobre la materia se encuentre oculta de nosotros *únicamente* porque no creemos que sea verdadera.

Si permitimos que los deseos del ego guíen nuestra existencia, por siempre seremos prisioneros y súbditos de la materia física. Y no podremos ir más allá de eso, lo cual no es muy lejos. Debemos ver más allá de las ilusiones. Tenemos que desenmascarar a los participantes en el baile de disfraces.

Si permitimos que los anhelos auténticos de nuestras almas se conviertan en la primera fuerza motivadora en la vida, en oposición a las tentaciones ilusorias del mundo material, *la mente sobre la materia* se convertirá en nuestra nueva realidad.

¿Cómo podemos lograr esto?

Mediante el continuo rechazo de una conducta egocéntrica ganamos la capacidad para que la mente controle de manera absoluta el mundo material, de una manera positiva, constructiva y milagrosa.

MEDITACIÓN

Liberas el poder de la mente sobre la materia, del alma sobre el ego y de lo espiritual sobre lo físico. La meta no consiste en renunciar al mundo material sino en eliminar el control que éste tiene sobre ti, para que te conviertas en el auténtico capitan de tu propio destino. ¡Todo se vuelve posible!

Cada palabra que decimos, cada acto que realizamos, es un bumerán que arrojamos al cosmos. Inevitablemente, todos estos miles de millones de bumeranes vuelven a nuestras vidas, tanto los positivos como *todos los negativos*.

Este nombre nos ayuda a agacharnos cuando los bumeranes negativos se abalanzan sobre nosotros.

SUAVIZAR LOS JUICIOS

EXPLICACIÓN

Aunque no estemos conscientes de ello, cualquier comportamiento negativo, incluso si parece irrelevante, hace que fuerzas destructivas entren en juego. Siempre que hablamos de una manera poco civilizada o grosera; siempre que hacemos trampa, mentimos, robamos, insultamos o dañamos a otras personas, ¡zaz!: creamos una fuerza de juicio. Estas fuerzas negativas son la causa invisible detrás de todas las cosas que simplemente "resultan" ir mal en nuestras vidas.

Puede tomar minutos, meses o, incluso, años, pero finalmente debemos confrontar las consecuencias de nuestros actos reactivos.

En este momento hay obstáculos presentes en nuestras vidas debido a la fuerza llamada *juicio*, y los juicios nos sobrevienen en el grado en que nosotros infligimos juicios sobre otras personas. Pero la Kabbalah enseña que nuestras propias palabras no pueden servir como una acusación en nuestra contra. No podemos decretar un juicio sobre nuestro propio ser.

La vida, por lo tanto, está hábilmente arreglada de manera tal que constantemente conocemos y ofrecemos amistad a personas que cometen errores y pecados similares a los nuestros. Cuando los juzgamos, nuestro propio destino queda sellado en ese mismo momento.

Pero supongamos que pudiésemos refrenarnos para no juzgar a los amigos, a la familia y a los indignos enemigos. Si esto fuera posible, los juicios contra nosotros nunca podrían darse.

MEDITACIÓN

A través de la meditación sobre esta secuencia y con arrepentiemiento genuino en tu corazón, aminoras o hasta revocas los juicios establecidos en tu contra. Tómate un tiempo muy largo para ofrecer indulgencia y compasión a otros, para que estas cualidades piadosas te sean devueltas en una proporción igual.

EL PODER DE LA PROSPERIDAD

Si en tu vida continuamente ganas y pierdes fortunas; si financieramente te hallas en una montaña rusa; si has ganado riquezas a expensas de tus relaciones amorosas o de la buena salud; o si estás simplemente quebrado o corto de efectivo…

EXPLICACIÓN

Cuando queremos lograr el verdadero éxito —éxito sin ninguno de esos desagradables efectos secundarios— debemos reconocer que toda buena fortuna se origina en la Luz del Creador. Si creemos que somos los únicos arquitectos de nuestro éxito, los verdaderos creadores de nuestra prosperidad, estamos adorando al ego y pasando por alto el poder de la Luz.

Y eso significa que hemos estado obteniendo nuestro sustento financiero del sistema reactivo de la naturaleza humana. Hemos estado dando al ego el control total sobre nuestra vida. El ego tiene el poder de traer ganancias financieras y placer material, ¡pero a un gran costo para el comprador!

Cada vez que adquirimos un activo valuado y tasado por nuestro ego, entregamos a cambio un activo atesorado y querido por nuestra alma.

Éstas son las únicas transacciones de negocios reales que importan en la vida.

Con este Nombre, atraemos buena fortuna de la Luz, a través de nuestra alma, no de nuestro ego.

MEDITACIÓN

Reconoce que la Luz del Creador es la fuente definitiva de toda prosperidad y bienestar. Ahora convoca las fuerzas de la prosperidad y del sustento, y pide fortaleza para mantener tu ego bajo control cuando los cheques empiecen a llegar.

Los 72 Nombres de Dios

עָרִי

CERTEZA ABSOLUTA

Hay una sola manera de hacer que todas las herra-mientas y el poder que se encuentran en este libro se vuelvan inútiles y sin valor alguno. Se le denomina *incertidumbre*.

EXPLICACIÓN

Definición del Diccionario: **principio de incertidumbre**
Sustantivo

1. *Principio de la mecánica cuántica que sostiene que el incremento en la precisión de la medición de una cantidad observable incrementa la incertidumbre con la que se pueden conocer otras cantidades. Desarrollado en 1927 por el físico teórico Werner Heisenberg.*
2. *Parte del punto de vista científico actual sobre la naturaleza de la realidad física, con implicaciones para la filosofía en general.*

Si inyectamos duda a cualquier aspecto de estas enseñanzas, literalmente las desconectamos y apagamos.

"Lo creeré cuando lo vea" debe ser reemplazado por "¡Lo veré cuando lo crea!".

Y recordemos: la certeza no es sólo confianza en que obtendremos lo que queremos. Certeza significa reconocer que ya *estamos obteniendo* lo que necesitamos para el crecimiento espiritual.

Es verdad que cuando la adversidad ataca, las dudas comienzan a surgir en nuestras mentes. Tenemos incertidumbre respecto a la realidad del Creador. Cuestionamos la justicia en el universo. Tememos por el futuro. Apuntamos nuestro índice acusador a otros o hacia el cielo. Pero cuando invocamos el poder de la certeza, todas estas sensaciones negativas se desvanecen como la niebla cubriendo una montaña inmutable.

En cada área de la vida, la duración del caos y el dolor *siempre es directamente proporcional* a nuestro propio grado de incertidumbre y falta de responsabilidad.

MEDITACIÓN

¡Certeza!, ¡Certidumbre!, ¡Convicción!, ¡Seguridad!, ¡Confianza! Todos estos conceptos llenan tu corazón mediante la meditación sobre este Nombre.

Los 72 Nombres de Dios

> *Dices que quieres una revolución. Bueno, sabes, todos queremos cambiar al mundo.*
> —John Lennon y Paul McCartney

TRANSFORMACIÓN GLOBAL

EXPLICACIÓN

La paz del mundo comienza dentro del individuo. Antes de que podamos cambiar la condición humana, debemos cambiar nosotros mismos. Es a menudo fácil hacer campaña por la defensa de una causa. Es mucho más difícil vernos en el espejo y comenzar el trabajo de la transformación interna.

Si un mendigo necesita cinco dólares y un transeúnte tiene sólo cinco centavos, este último no puede satisfacer las necesidades del mendigo. En otras palabras, podemos compartir sólo lo que poseemos. Antes de que podamos embarcarnos en una misión para cambiar al mundo, debemos transformarnos a nosotros mismos, cambiar nuestro modo de ser y obtener verdadera dicha y satisfacción en nuestras propias vidas.

Y si existe alguna duda, por pequeña que sea, de que nuestro ser necesita de más corrección, tengamos en mente esta dura verdad kabbalística: eso que nuestros ojos observan en el mundo externo, toda la maldad, y perversidad, no es más que un espejo que refleja los restos de maldad que yacen ocultos y sin detectar en nuestros corazones.

MEDITACIÓN

Reflexiona acerca de la verdad espiritual de que la paz del mundo comienza con la paz en tu propio corazón. Con este Nombre, aceleras tu propia transformación y fortaleces las fuerzas de la paz alrededor del mundo.

En lugar de tratar de estar en lo correcto, debemos reconocer que hay una verdad más elevada: ¡La unidad! Necesitamos buscar la armonía con nuestros oponentes, no porque esto sea una conducta moralmente correcta, sino porque la unidad nos trae Luz espiritual duradera. Esto sirve a nuestros mejores intereses.

UNIDAD

EXPLICACIÓN

Dos personas pueden tener opiniones opuestas y puntos de vista conflictivos, sin embargo ambos pueden tener razón. La enemistad y la amargura aparecen cuando las personas responden *reactivamente* unas a otras, con intolerancia respecto al punto de vista del otro.

La espiritualidad verdadera no toma en consideración los conceptos vagos de correcto e incorrecto. Aspira a una verdad más elevada: la noción de unidad, sensibilidad y tolerancia respecto a otros puntos de vista.

¿Qué tan bueno es estar en lo correcto si el sufrimiento y el dolor son el costo?
¿Qué tan malo es estar equivocado si la paz personal, la dicha y el estar contento son las recompensas?

Es sólo el ego el que se preocupa por estar o no equivocado.

La única preocupación del alma es la unidad, ya que la unidad engendra paz y felicidad.

Cuando tratamos con dignidad los puntos de vista de los demás, —especialmente cuando es dolorosamente difícil hacerlo— con frecuencia descubrimos una nueva idea que trae bendiciones a nuestra propia vida. Este sagrado Nombre debe ser usado cuando nos veamos atorados por nuestra manera de ser, aferrándonos a nuestras opiniones sostenidas por largo tiempo e hirviendo por causa de la ira y la frustración a causa de las ideas y creencias de otros.

MEDITACIÓN

Por medio de estas letras, pasas la verdadera prueba de carácter espiritual: puedes ver todos los lados de los problemas que se te presentan. Te enfocas en la unidad y en el alma, en oposición a la división y uno mismo.

Los 72 Nombres de Dios

 והו

FELICIDAD

Existe un viejo dicho: ¡Ten cuidado con lo que deseas!

EXPLICACIÓN

Muy a menudo confundimos el placer temporal con la felicidad duradera debido a que las trampas del mundo físico son muy seductoras y potentes. Cuando somos capaces de distinguir entre ambos, encontramos la felicidad verdadera. El placer está normalmente asociado con deseos egocéntricos, mientras que la felicidad está vinculada a los anhelos del alma.

Por lo general, nuestros deseos emergen del lado egoísta de nuestra naturaleza. Lo que codiciamos no es necesariamente lo que nos traerá satisfacción duradera. La felicidad nos elude cuando perseguimos lo que queremos, en lugar de lo que necesitamos. Nuestros deseos y apetitos generalmente nos traen mala fortuna y desorden luego de que el placer inicial y la gratificación se han disipado.

Encontramos la felicidad verdadera cuando pasamos nuestras vidas trascendiendo nuestros impulsos basados en el ego para así perseguir con determinación lo que nuestras almas necesitan para transformarse y elevarse.

En otras palabras, cuando estamos ocupados haciendo lo que vinimos a hacer a esta tierra, en términos de trabajo espiritual, encontramos satisfacción profunda a cada paso del camino.

MEDITACIÓN

Encuentras la fuerza para refrenar los anhelos egoístas. A través de este Nombre pides lo que tu alma necesita, no lo que tu ego quiere. Sientes un profundo agradecimiento por cualquier cosa que la vida te depare. Esto trae felicidad en el más profundo sentido.

Los 72 Nombres de Dios

BASTANTE NUNCA ES SUFICIENTE

Hacemos concesiones en la vida. Nos conformamos con menos. Nos vendemos tan pronto como experimentamos algo de disfrute, y ¡terminamos vendiéndonos muy barato!

¡Este Nombre es acerca de tenerlo todo!

EXPLICACIÓN

Existen dos realidades: la oscuridad y la Luz. Podemos estar en una o en la otra. Pero tendemos a perder el tiempo en las zonas grises. Cuando alcanzamos un poco de Luz en nuestras vidas, tendemos a excusar a la poca oscuridad a la que todavía mimamos.

¡Pero vinimos aquí para obtenerlo todo! La meta es borrar *toda* la oscuridad y complacernos en la Luz absoluta.

Seguro, nos gusta creer que somos grandes pensadores. Pero en verdad, pensamos en pequeño. No importa si tenemos miles de millones de dólares en nuestras cuentas bancarias, o si dirigimos una de esas 500 compañías que aparecen en la revista Fortune, o si dirigimos un país entero; para el caso es lo mismo.

Pensar en grande significa buscarlo todo —*la felicidad permanente, la grandeza espiritual, el gozo eterno, nuestra verdadera alma gemela, la inmortalidad, y la paz en la tierra para siempre*— y dejar atrás todo aquello que evita que alcancemos esa tierra prometida.

Cincuenta mil millones de dólares palidecen en comparación con una satisfacción interminable y una existencia eterna llena de alegría.

Si no creemos genuinamente en que éstas son metas alcanzables y nuestro destino, entonces nunca podremos decirle a nadie que sabemos cómo pensar en grande. Ya que el ego, el lado oscuro de la naturaleza humana, nos engañó para que pensemos en pequeño.

Todo es posible. Cuando lo creamos, lo veremos.

MEDITACIÓN

Tus ojos y tu corazón permanecen enfocados en la meta final en todo momento. ¡Despiertas la persistencia y la pasión para que nunca —y eso significa *nunca*— te conformes con menos!

Los 72 Nombres de Dios

SIN CULPA

El arrepentimiento purifica. Cancela los juicios y anula las sentencias de muerte decretadas en contra nuestra en el Mundo Superior.

EXPLICACIÓN

El concepto de arrepentimiento es ampliamente incomprendido. No tiene nada que ver con sentirse culpable o con miedo. El arrepentimiento es acerca de reparar malas acciones anteriores al sentir el dolor que hemos causado a otros y al abolir el verdadero rasgo negativo responsable de su herida.

Por medio del poder del arrepentimiento, nuestras almas viajan al preciso momento previo a nuestra infracción espiritual. El daño es entonces deshecho, siempre y cuando hayamos meditado con profundo remordimiento para erradicar el rasgo de carácter que originalmente indujo nuestra ofensa.

¿Así que cómo es que esto alivia el sufrimiento de la víctima de nuestro crimen?

La Kabbalah dice que no hay víctimas. La persona que fue herida por nuestra mala acción sufrió las consecuencias de este acto negativo como resultado de una mala acción que él o ella cometió en el pasado.

Nuestro propio dolor y arrepentimiento no son el resultado de haber lastimado a una víctima inocente. En lugar de eso, nuestro arrepentimiento tiene su origen en que fuimos elegidos como los "ejecutores" de la sentencia, los que entregan un juicio que ya se había de-cretado contra esa persona.

Y el dolor que aceptamos asumir es utilizado para limpiar el rasgo desagradable que nos llevó a hacer de mensajeros por el mal hecho en primer lugar.

Una persona que es espiritualmente pura y recta nunca será elegida para que ejecute un juicio en contra de un ser humano.

MEDITACIÓN

Recuerda cualquier acto negativo de tu pasado. Reflexiona sobre algunos de tus rasgos más desagradables. Siente el dolor de las personas a las que haz lastimado. Pide a la Luz que erradique todos tus rasgos negativos. La fuerza denominada *arrepentimiento* repara espiritualmente tus fallas del pasado y disminuye el lado oscuro de tu naturaleza.

Los 72 Nombres de Dios

ע·מ·ם

PASIÓN

Para encender verdaderamente el poder de la oración, primero necesitamos un fuego ardiendo en nuestros propios corazones.

EXPLICACIÓN

Se cuenta una historia sobre un anciano que no podía leer ni escribir. Él quería desesperadamente ofrendar una plegaria de gratitud de un libro sagrado de oraciones al Creador, pero no podía leer las palabras en la página. Sin embargo, su deseo de conectarse con su Creador era grande, así que comenzó a recitar el alfabeto. Rogó al Creador para que organizara las letras en las secuencias correctas, para formar las palabras de la oración.

Un transeúnte estrictamente religioso escuchó al anciano recitar el alfabeto. Se rió de lo tonto del rezo del hombre, y en ese momento las puertas del cielo se cerraron para siempre a las oraciones del hombre religioso. De hecho, los ángeles bailaban de gozo mientras el rezo simple y sincero del anciano ascendía al Mundo Superior. El anciano había iluminado el cielo con los deseos de su corazón.

MEDITACIÓN

Este Nombre aviva el fuego de la pasión en tu corazón y en tu alma. Estas letras te dan el poder para mantener sinceridad, devoción, y conciencia correcta en tus oraciones, tus meditaciones y tus conexiones espirituales.

SIN INTENCIONES OCULTAS

¿Alguna vez te has sentido decepcionado por personas a las que has brindado tu amistad? ¿Con frecuencia te ves desilusionado por circunstancias en las cuales diste mucho de ti mismo?

Si tu respuesta a estas dos preguntas es "no", omite este Nombre.

EXPLICACIÓN

Si respondimos "sí" a las preguntas precedentes, es posible que nuestras acciones positivas estuvieran condicionadas a recibir algún beneficio más adelante.

Frecuentemente damos nuestra amistad a otros o les hacemos favores teniendo en mente alguna intención oculta. La amistad que ofrecemos usualmente es condicional, y a veces ni siquiera nos damos cuenta de ello. Queremos algo a cambio. Puede ser reconocimiento social. Un préstamo. O algún favor que tal vez en el futuro quisiéramos pedir.

Usualmente nuestras acciones de compartir llevan consigo ciertos cabos atados.
Por ejemplo, el nombre de un benefactor es grabado en una placa y se fija en la pared de una recepción. Se ofrece una cena en honor a un benefactor. Se nombra el ala de un hospital con el nombre de un contribuyente caritativo. En la Kabbalah, esto no es considerado como compartir incondicionalmente. El verdadero compartir no conlleva nombres, de manera tal que ni el donador ni el donatario tienen idea de quién es el otro. El donante da y punto. Las personas que dan derivan placer a partir del acto anónimo e incondicional del puro compartir, sin esperar nada a cambio. ¡Y es entonces cuando reciben todo!

Cuando damos amor incondicional y realizamos acciones genuinas de compartir, el gozo viene del hecho de que damos, no de lo que deseamos obtener a cambio.

MEDITACIÓN

Las motivaciones de interés personal, los motivos ulteriores y las intenciones ocultas dan paso a actos puros de amistad, amor incondicional y de dar. A cambio, se verán atraídos a tu vida amigos verdaderos y amorosos, la alegría y la satisfacción.

El poder de la muerte no está limitado al cuerpo físico. El final de una amistad, el fracaso de un negocio, la disolución de un matrimonio, son todos expresiones de muerte. Cuando las cosas buenas están en peligro de acabarse, ¡Este Nombre ahuyenta a la muerte!

LA MUERTE DE LA MUERTE

EXPLICACIÓN

No nos equivoquemos: el ángel de la muerte es el causante de que se terminen todo tipo de cosas buenas. Atacando a la muerte en el nivel más fundamental, prevenimos muchas de las fatalidades que nos golpean. ¡Estas letras son armas poderosas para realizar dicho ataque!

Cada vez que un par de ojos observan este Nombre, el poder del ángel de la muerte es debilitado en todo el mundo, hasta que, finalmente, tenga lugar "la muerte de la muerte" y reine la inmortalidad.

MEDITACIÓN

Medita con total convicción y certeza sobre la absoluta defunción del ángel de la muerte ¡de una vez por todas!

Los 72 Nombres de Dios

Típicamente debido a nuestra propia inactividad, metas meritorias y sueños audaces nunca se materializan. Postergamos las cosas. Perdemos nuestra pasión. O simplemente nos damos por vencidos. Nuestras mejores ideas permanecen como esperanzas nunca realizadas. Nuestros pensamientos nunca se hacen realidad.

La Kabbalah tiene una explicación para esto.

מ.ב.ה

DEL PENSAMIENTO A LA ACCIÓN

EXPLICACIÓN

Nuestros sueños y aspiraciones están radicados en la pureza del Mundo Superior. Pero nuestras acciones tienen lugar aquí en la dimensión material, donde una aparentemente infinita variedad de impedimentos nos pueden estorbar. Todo, desde dudas y miedos hasta los pagos de la hipoteca y las deudas de la tarjeta de crédito. Con frecuencia nos vemos inspirados por pensamientos brillantes, ideas innovadoras y metas elevadas, pero tenemos que hacerles seguimiento y "cerrar el trato". Si esto no sucede —si nuestras intenciones no se manifiestan— estamos ante una clara señal de que hemos perdido la conexión con el Mundo Superior.

MEDITACIÓN

Ahora te estás reconectando y reuniendo a los Mundos Superior e Inferior por medio del poder de este Nombre. Al juntar estos dos reinos, encuentras valor y compromiso para lograr tus metas y realizar tus sueños. Tus pensamientos se convierten en realidad. ¡Tus mejores ideas se transforman en acción, y en consecuencia, en resultados concretos!

Los 72 Nombres de Dios

פ·ו·י

DESVANECER LA IRA

Puedes no creer que has sido un adorador de ídolos, pero la palabra *ídolo* se refiere a más que solamente estatuas de leones o toros. Un ídolo es un objeto, una persona o una situación que domina tu conducta. ¡La cólera es signo de que te hallas en actitud de adorar ídolos!

EXPLICACIÓN

Hasta cierto grado, todos somos susceptibles de adorar ídolos, ya sea a través de la búsqueda de fama o través de la veneración de la riqueza y el poder. Reverenciamos imágenes, especialmente la imagen de nosotros mismos que sentimos debemos proyectar a los demás.

Según la Kabbalah, la ira es la forma más evidente en que se manifiesta la idolatría. Algo externo está controlando nuestras emociones y reacciones.

Cuando una computadora falla y se pierden nuestros archivos importantes, y estallamos en ira, hacemos reverencia ante un ídolo de silicio. Cuando un automóvil se nos atraviesa en la carretera, y vociferamos con ira, estamos adorando a un dios metálico. Cuando perdemos la paciencia con nuestro cónyuge o con los niños y les provocamos un dolor inmerecido, estamos adorando a un ídolo de oscuridad.

Cuando nos hacemos devotos de los ídolos y permitimos que las situaciones externas u otras personas instiguen ira y furia en nosotros, cortamos nuestra conexión con la Luz. Esto es un grave error, ya que la Luz es la verdadera fuente de satisfacción de nuestros deseos más profundos.

MEDITACIÓN

Retiras la fascinación y el poder de los "ídolos" que controlan al mundo invocando el poder de este Nombre. La ira es purgada de tu corazón. Tu felicidad y paz mental se generan desde el interior.

Cada uno de nosotros tiene una misión personal, una meta espiritual que debemos alcanzar en esta vida. Pero las interferencias del mundo material constantemente nos desvían.

Si escuchamos con verdadero cuidado, nuestras almas nos dirigirán a nuestro propósito, donde necesitamos estar.

ESCUCHAR A TU ALMA

EXPLICACIÓN

Antes de la Creación, todas las almas de la humanidad estaban unidas en una sola alma unificada. Esta alma se dividió en innumerables chispas, trayendo a la existencia todas las almas individuales que estaban destinadas a recorrer esta tierra. Eso nos incluye a cada uno de nosotros.

Cada chispa de alma debe lograr su propia transformación individual y propósito espiritual antes de que la bendita unión en una sola alma pueda ser restaurada.

En los negocios, en nuestras relaciones y en nuestra propia conexión con el Creador, hay objetivos espirituales específicos que tienen que ser alcanzados a fin de traer paz y alegría a nosotros y al mundo.

Pero el mundo ha fallado en encontrar su camino espiritual y su destino final porque el clamor del ego ahoga el llamado de nuestra alma. El ego constantemente nos da la dirección equivocada, las instrucciones incorrectas. Terminamos en barrios peligrosos y en callejones sin salida en nuestra búsqueda de ambiciones sin sentido y metas materialistas vacías.

MEDITACIÓN

Los susurros de tu alma y el consejo divino de la Luz son escuchados fuertes y claros. Sabes lo que tienes que hacer. Estás dispuesto y preparado para hacer lo necesario para lograrlo.

Los 72 Nombres de Dios

ייל

DEJAR IR, SOLTARSE

A menudo es difícil desprenderse del ayer. Nos volvemos prisioneros de nuestro pasado. No podemos avanzar. No podemos superar lamentos pasados ni traumas anteriores.

¡Aquí recibimos el coraje para desprendernos!

¡Listo… Salta!

EXPLICACIÓN

Nuestra naturaleza es aferrarnos a nuestro dolor y sufrimiento. Cuando la felicidad o la esperanza de un milagro se nos presenta, nuestra primera inclinación es decir: "Es demasiado bueno para ser verdad".

Esta clase de conciencia es lo que impide que los milagros y un futuro lleno de dicha se materialicen en nuestras vidas.

No podemos tener un futuro satisfactorio y milagroso si nos aferramos a un pasado infeliz y cínico.

No se necesita decir más.

MEDITACIÓN

Te desprendes. De todo. Punto.

Los 72 Nombres de Dios

CORDÓN UMBILICAL

Cuando experimentamos momentos de tristeza, brotes de enojo, ataques de depresión, o cuando cometemos actos de intolerancia o insensibilidad, el resplandor divino instantáneamente se retira, dejándonos en la oscuridad espiritual.

Desafortunadamente, en el caos de nuestra vida diaria, la "lista de ropa sucia" mencionada antes, forzosamente ha de aparecer.

EXPLICACIÓN

Cuando quiera que cometemos una acción negativa, la Luz instantáneamente abandona nuestra presencia. Nos esforzamos inútilmente en la oscuridad. Puede que no detectemos este efecto con nuestros cinco sentidos, pero lo experimentamos internamente y a través de los eventos en nuestras vidas.

Nuestra conciencia se vuelve negativa, nuestro estado mental se torna sombrío y pesimista. Las situaciones a nuestro alrededor giran hacia la oscuridad. Sabemos que necesitamos abandonar este lugar, rápidamente, pero no vemos una salida. Estamos solos, atrapados, en el fondo de un pozo de serpientes. Y las serpientes se acercan con rapidez.

La buena noticia es que hay una herramienta que puede evitar que cortemos completamente el cordón dador de vida, que nos conecta con la Luz. Este Nombre divino es esa herramienta.

MEDITACIÓN

Estableces un cordón umbilical con la energía divina, asegurando un constante resplandor de la Luz en tu vida, especialmente para esos momentos cuando terminas en un lugar de total oscuridad.

Los 72 Nombres de Dios

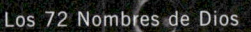

A medida que empezamos a transformar nuestras vidas y experimentamos satisfacción verdadera, somos puestos a prueba una y otra vez. Cada prueba de nuestro ego nos inyecta duda. El optimismo y entusiasmo que sentimos al inicio de nuestro recorrido se esfuma, empezamos a quejarnos, ¡el ego regresa!

LIBERTAD

EXPLICACIÓN

Como esclavos e hijos de esclavos, la gente de Israel estuvo en cautiverio en Egipto por 400 años. Entonces vino Moisés. Enviado por el Creador, él ganó la libertad para su gente. Entonces los guió en un viaje largo y arduo, incluyendo ese famoso pasaje a través del Mar Rojo. Eventualmente llegaron a Monte Sinaí, donde tenían una cita con el destino.

Extrañamente, sin embargo, los Israelitas empezaron a quejarse tan pronto como escaparon de la esclavitud. ¡Hasta le rogaron a Moisés que los guiara de vuelta a Egipto! ¿Cómo pudo ser esto posible? ¿Fue el trayecto a través del desierto peor que 400 años de esclavitud?

La Kabbalah ofrece una sorprendente explicación para esto. ¡Toda esta historia es un código! Es una historia encubierta de transformación espiritual individual.

Descifremos el código. Egipto se refiere al ego humano, el más antiguo esclavizador en la historia. Cualquier aspecto de nuestra naturaleza que nos controle es *Egipto*. Egipto también denota las trampas seductoras del mundo material.

En el momento en que nuestro camino espiritual se torna desafiante o incómodo para el ego, anhelamos regresar a nuestro propio Egipto personal, esto es: al nivel inferior de ser al que nos hemos acostumbrado.

El camino a la transformación requiere autoconocimiento y responsabilidad personal. No es fácil. Constantemente somos tentados para volver atrás. Escapar de la esclavitud espiritual significa liberarnos de la esclavitud de nuestro yo anterior.

MEDITACIÓN

Percibes el equilibrio y la armonía que llenan toda la Creación, especialmente en los momentos difíciles, retos y pruebas que debes enfrentar durante tu vida. Con el poder de este Nombre, despiertas la fuerza para pasar todas esas pruebas, para elevarte a un nivel superior de ser, y para ganar la dicha y la realización que acompaña la verdadera transformación espiritual. ¡Sueltas las cadenas del ego y logras la libertad!

Los 72 Nombres de Dios

ו מ ב

AGUA

El cuerpo de agua con mayor polución en el planeta no es un lago altamente contaminado. Es el cuerpo humano, el cual consiste de más de 65% de agua.

EXPLICACIÓN

De acuerdo con la ciencia, el agua es la más misteriosa y menos comprendida sustancia en el universo. De acuerdo con la Kabbalah, el agua es la Luz de Dios manifestada en el mundo físico.

Por consiguiente, la contaminación del agua es una crisis tanto física como espiritual.

Cuando el agua en nuestros lagos y el agua en nuestras células están manchadas con toxinas físicas y espirituales, nuestros sistemas inmunes personales y globales están debilitados peligrosamente.

El agua genuinamente pura tiene el poder de limpiar tanto física como espiritualmente. De la misma forma como el agua milagrosamente disuelve la suciedad del cuerpo físico, la esencia metafísica del agua disuelve la suciedad espiritual y la negatividad que hemos traído a nuestro cuerpo y nuestra alma.

Los kabbalistas dicen que el agua puede sanar naturalmente, puede rejuvenecer y que contiene el secreto de la inmortalidad. Pero siglos de guerra, persecución y odio cobraron su precio; así, el agua perdió su poder esencial.

Este Nombre ayuda a devolver toda agua a su estado original divino y puro.

MEDITACIÓN

¡Purificas las aguas de la tierra y despiertas las fuerzas de sanación e inmortalidad!

Los 72 Nombres de Dios

> El acto más grandioso que podemos efectuar en el mundo físico es ayudar a otro ser humano a descubrir el resplandor de la Luz. Ése es el verdadero propósito de ser padres.

PADRES EDUCADORES, NO PREDICADORES

EXPLICACIÓN

Cuando compartimos las enseñanzas y herramientas de la Kabbalah con nuestros hijos, una Luz impresionante es revelada en nuestras propias vidas, en las vidas de nuestra familia y alrededor del mundo.

Aunque participamos en traer a nuestros hijos al mundo, debemos recordar que ellos no son nuestros, sino que son donaciones dadas a nosotros por el Creador a fin de darnos la oportunidad de compartir, crecer y volvernos personas más amables y tolerantes. Nuestros hijos nos dan una oportunidad para ser la Luz y para esparcir la Luz.
En resumen, ¡necesitamos convertirnos en sabios maestros, no en predicadores gritones!

En vez de tratar de predicar la verdad, o de legislar la sabiduría, la gente iluminada sabe que debe vivir la verdad. Una persona que ha sido tocada por la Luz sabe de forma innata que él o ella debe convertirse en la personificación de su poder.

Por consiguiente, como velas, debemos permitir que el resplandor de nuestros pensamientos y acciones entusiasme e ilumine a nuestros hijos. De esta manera, los cambios en nuestras propias vidas se vuelven para ellos ejemplos e inspiraciones a seguir.

MEDITACIÓN

Desea compartir esta sabiduría de forma amorosa, respetuosa y desinteresada con tus hijos.

El predicador dentro de ti es silenciado. El maestro dentro de ti resplandece a través de todas tus acciones.

Los 72 Nombres de Dios

APRECIACIÓN

¿Encuentras que sólo aprecias las cosas cuando éstas se han ido? ¿Miras hacia atrás partes de tu vida deseando haber valorado y apreciado las cosas que ya no están ahí?

EXPLICACIÓN

He aquí una pregunta simple: ¿Tenemos el deseo de no tener un terrible dolor de muelas? Claro que sí. ¿Quién en su sano juicio desea experimentar un terrible dolor de muelas? Pero un momento antes de que esta pregunta fuera planteada, ¿estábamos conscientes de este deseo? ¡Claro que no! ¿Y sabes por qué? Porque nuestro deseo de *no tener dolor de muelas* estaba completamente satisfecho. Es decir: no teníamos dolor de muelas, así que no hubo necesidad de estar conscientes de nuestro deseo innato de no tener uno. Si por otro lado, hubiésemos tenido un absceso molar que nos causara mucha agonía, rápidamente hubiésemos sido concientes de nuestro deseo de no tener un dolor de muela.

Tenemos tantas bendiciones en nuestras vidas que llenan nuestra existencia. Pero no estamos conscientes de estos tesoros espirituales porque *nuestra satisfacción* nos lleva a la complacencia. Damos por hecho cosas importantes. En consecuencia, debemos perder algo a fin de despertar nuestro deseo por ello. Recuerda: la Luz quiere darnos todo pero nosotros tenemos que tener el deseo de recibirlo.

Cuando experimentamos el dolor de perder algo cercano a nuestro corazón, un deseo se despierta dentro de nosotros. Pero hay una forma mucho mejor de activar todos nuestros deseos de Luz sin necesidad de perder algo. Esto se llama *apreciación*.

Cuando verdaderamente apreciamos cada cosa, sentimos que lo tenemos todo. ¡Y es ahí cuando en realidad nos es permitido tenerlo todo!

MEDITACIÓN

Apreciación. Gratitud. Agradecimiento. Estos nobles atributos son provocados por este Nombre. Infundido con estos atributos, retienes y disfrutas todas las bendiciones y tesoros en tu vida.

PROYECTARTE BAJO UNA LUZ FAVORABLE

Con todos nuestros defectos y pésimos rasgos de carácter, es de gran interés para nosotros cuando los demás sólo ven el lado bueno de nuestra alma. En el lenguaje cinematográfico, esta meditación es el máximo "efecto de iluminación".

EXPLICACIÓN

Revelar nuestro lado negativo atrae el mal de ojo. Nos convertimos en imanes del desprecio de la gente a nuestro alrededor. ¡Invitamos a nuestras vidas sus juicios y toda esa energía destructiva rápidamente empieza a causar estragos!

Cuando damos a la gente razones para enfocarse en nuestro lado bueno, evitamos sus influencias negativas y todos los efectos dañinos laterales que pueden traer.

Además, cuando hacemos el esfuerzo por ver más allá de las imperfecciones de los demás, engrandecemos diez veces el poder de este Nombre.

MEDITACIÓN

Tu propio ser es encendido de manera hermosa, bañado con el resplandor del Creador; así todo el mundo a tu alrededor ve los aspectos positivos y hermosos de tu ser, en vez de la imagen distorsionada y oscura proyectada por el ego.

Temor de Dios no se refiere a la noción religiosa del Creador que castiga y premia. La Luz del Creador es una fuerza positiva perfecta, una infinita energía espiritual cuyos únicos atributos son el compartir y el amor infinitos.

ד.מ.ב | **TEMOR DE DIOS**

EXPLICACIÓN

Temor de Dios se refiere a una comprensión interna de cómo nuestro universo está "conectado". Tratar mal a otra persona, por ejemplo, es como poner nuestro dedo en un enchufe eléctrico. Esta es una causa que nos lleva a un efecto definido y doloroso, pero no es la energía eléctrica la que necesita ser temida; es el *acto* que nos lleva a entrar peligrosamente en contacto con ella.

Temor de Dios significa ver las futuras consecuencias de nuestras acciones presentes. Por ejemplo: si pudiésemos prever las consecuencias negativas unidas a nuestro comportamiento irrespetuoso, nuestra visión a largo plazo nos llevaría a contenernos. Nuestra decisión no estará motivada por la moral o temores religiosos. Estará basada en algo mucho más persuasivo: nuestro interés propio.

Ese poder de observación perspicaz viene a nosotros a través de este Nombre.

MEDITACIÓN

La conciencia de la chispa divina en cada persona es despertada en tu corazón.
Te vuelves más sabio en los caminos del mundo. Percibes las repercusiones unidas a cada palabra y acción tuyas, y sabes que los actos de compartir con otros son siempre para tu beneficio.

Los 72 Nombres de Dios

"¿Por qué a mí? ¿Por qué ahora? ¿Qué he hecho para merecer esto?"

מ·נ·ק

RESPONSABILIDAD

EXPLICACIÓN

En un momento u otro, todos nos hemos preguntado esto (o a Dios). La vida a menudo nos hiere, de seguro, pero tenemos dos opciones: aferrarnos a nuestro dolor y revolcarnos en autocompasión, o acelerar nuestro proceso de sanación y rápidamente escalar a un nuevo nivel de satisfacción y entendimiento.

La mayoría de nosotros nos consideramos *víctimas* cuando otros nos hacen algo malo o cuando las circunstancias de repente se vuelven caóticas. Pero cualquier mal hecho a nosotros y cualquier confusión que confrontemos, es resultado de una acción negativa La herida es simplemente el juicio, el efecto de una causa que nosotros iniciamos.
Sí, esto es difícil de admitir y aceptar.

Si nos permitimos ser consumidos por sentimientos de venganza o victimización, perdemos una oportunidad de detener nuestro comportamiento reactivo, de alzarnos sobre nuestros problemas y de retomar el control de nuestras vidas.

Por otro lado, cuando aceptamos el juicio, éste pasa rápidamente. Cuando nos desprendemos de la autocompasión y el horroroso síndrome de "soy la víctima", nos desprendemos de nuestro dolor en ese mismo instante.

MEDITACIÓN

Con estas letras, los impulsos hacia la autocompasión, represalias y venganza desaparecen. Ves que una "mentalidad de víctima" es la base de esos sentimientos y la reemplazas con el entendimiento de que eres el creador de tus propias circunstancias. Y sabes que lo que haz creado lo puedes cambiar.
¡Así, todo cambia ahora!

Los 72 Nombres de Dios

GRANDES EXPECTATIVAS

Cuando esperas todo de tus amigos, tu familia o de la vida y no recibes nada, ¡invoca a este Nombre para recibir respuestas!

EXPLICACIÓN

¿Por qué nuestras acciones más positivas con frecuencia no son premiadas por largos periodos de tiempo? La Kabbalah enseña que esto es para dejar un espacio para que brille nuestro libre albedrío. Dentro de este espacio, "grandes expectativas" entran a ponernos a prueba. "Pruebas de fe" nos confrontan. Esperamos un retorno rápido en inversiones espirituales, pero cuando el tiempo las demora, nos volvemos dubitativos, profundamente decepcionados, desesperanzados, y desvalidos.

Pero tenemos *libre albedrío* para elevarnos sobre esas nubes de melancolía y condena. Ejercitando este libre albedrío podemos verdaderamente ganar nuestra buena fortuna. A veces, por supuesto, esto puede ser una tarea extremadamente difícil. Una gran expectativa es un adversario formidable.

La clave para la satisfacción es simplemente alejar nuestra concentración de los resultados y expectativas. En cambio, nos enfocamos en resistir nuestros impulsos reactivos, que no son más que respuestas robotizadas ante una situación dada. En el momento en que resistimos la expectativa, hemos ejercitado el rasgo sagrado del libre albedrío.

El ego ya no tiene el control. Nosotros lo tenemos. Y esto abre una amplia puerta a todas las posibilidades.

MEDITACIÓN

Meditando sobre este Nombre, ganas control sobre el poder del tiempo en tu vida. En lugar de estar constantemente pidiendo más al mañana, aprecias lo que tienes —y lo que eres— ahora mismo. ¡Las expectativas falsas y egoístas son eliminadas!

CONTACTAR LAS ALMAS QUE PARTIERON

La muerte es una farsa. Las almas de nuestros seres queridos que se marcharon continúan viviendo en una realidad mucho mas auténtica que nuestro mundo ilusorio. A través de este Nombre, hacemos contacto con las almas de familiares y amigos que han partido.

EXPLICACIÓN

El alma humana continúa elevándose a niveles superiores de existencia después que deja este plano de existencia. Esta ascensión a veces puede ser difícil si un alma ha acumulado equipaje indeseable como resultado de su comportamiento reactivo durante su vida.

A través de este Nombre ayudamos a elevar las almas de nuestros seres queridos de manera placentera y apacible. También recibimos consejos y mensajes de aquellos cuyo amor por nosotros continúa irradiando en los Mundos Superiores.

MEDITACIÓN

Evoca la memoria de seres queridos que han dejado esta vida. Rodéalos con la Luz de este Nombre. Medita para elevar sus almas a niveles siempre más altos en los mundos espirituales. Ábrete a recibir su guía y apoyo.

Los 72 Nombres de Dios

ר.א.ה

PERDIDO Y ENCONTRADO

Cuando deseas encontrar tu camino de regreso a casa...

EXPLICACIÓN

Hay momentos en que nos encontramos fuera de curso en el viaje de la vida. Nos sentimos perdidos. Desconcertados. Confundidos. La vida se torna un interminable laberinto y no sabemos qué vía tomar.

MEDITACIÓN

Con este Nombre como tu brújula, el camino hacia tu hogar espiritual es iluminado. Recuperas tu orientación. Con cada paso que das y con cada momento que pasa, sientes cómodidad, confianza y un sentido más fuerte de dirección.

No hay casualidades en la vida. No hay encuentros fortuitos. No hay sorpresas al azar. Lo que sea que ocurre, ocurre por una razón. Así que cuando sentimos que nuestro mundo está desquiciado y sólo queremos gritar, este Nombre es nuestra vía rápida a la estructura y a la serenidad.

ל.ב.מ

RECONOCER EL DESIGNIO BAJO EL DESORDEN

EXPLICACIÓN

Ni una sola brizna de hierba crece sin la dirección de un poder superior. Como una computadora inmensa, la Luz del Creador procesa, calcula y contabiliza *todo* a través de la ley de causa y efecto.

Cuando reaccionamos negativamente al aparentemente repentino caos de la vida, negamos el plan y propósito fundamental de la Creación. Nuestra actitud prolonga la locura. Pero en el momento en que reconocemos y aceptamos las dificultades y todas las circunstancias caóticas como oportunidades para elevarnos espiritualmente, el dolor y la duda desaparecen rápidamente. Nosotros solos determinamos la velocidad con la cual nuestra confusión y dolor pasan.

Date cuenta: El ego tratará constantemente de reducir la marcha de este proceso a un perezoso paso de tortuga escondiendo el orden y la causa del caos frente a nuestros ojos.

MEDITACIÓN

Cuando te encuentras abrumado por sentimientos de duda o pánico o con pensamientos de perdición, estas letras revelan el orden que subyace tras el caos. Eres iluminado con el plan maestro del Creador ya que incumbe a tu propósito en este mundo y a los problemas que encaras.

Los 72 Nombres de Dios

PROFECÍA Y UNIVERSOS PARALELOS

Un profeta no es alguien que ve un futuro predestinado.
En realidad, no hay futuro predestinado, porque tenemos
la habilidad de *recrear* el futuro a cada momento.
Allí reside el propósito de este Nombre.

EXPLICACIÓN

Hay incontables futuros, los cuales existen todos al mismo tiempo. Es cierto, los antiguos kabbalistas y los físicos contemporáneos concuerdan: ¡los universos paralelos son una realidad!

De acuerdo con los físicos, en el momento que tomamos una decisión, el universo se divide y nuestra decisión alternativa y el destino se ramifican en otra realidad.

De acuerdo con la Kabbalah, los universos paralelos crecen progresivamente con más orden, alcanzando finalmente un mundo de paraíso, felicidad y vida interminable.

Sin embargo, nuestro propio comportamiento determina en qué universo entramos. Las acciones guiadas por el ego nos mantienen prisioneros en un universo de caos. Pero en el momento en que nos resistimos a nuestras respuestas reactivas damos un salto cuántico a una realidad completamente diferente. Cada nuevo universo muestra una versión más satisfactoria de nuestras vidas. Al reconocer las oportunidades para terminar con el comportamiento reactivo, egocéntrico, literalmente nos movemos de un mundo a otro.

Profecía es la habilidad de detectar esas oportunidades. Profecía es ver el futuro en nuestras acciones presentes, ver las consecuencias de la reactividad versus la vasta recompensa que trae el comportamiento proactivo.

MEDITACIÓN

El poder de la profecía te ha sido concedido. Con tu conciencia elevada y conocimiento aumentado, tienes el poder para entrar a un nuevo universo de transformación y Luz.

Los 72 Nombres de Dios

Todos venimos a este mundo con defectos espirituales que necesitan ser corregidos. Estas imperfecciones se han acumulado de vidas anteriores, y no podemos alejarnos de sus influencias negativas hasta que son corregidas.

מ·ו·ם

PURIFICACIÓN ESPIRITUAL

EXPLICACIÓN

Algunas veces nos falta el coraje emocional y la fuerza espiritual para corregir todos nuestros defectos.

Es más, nuestros egos usan muchas tácticas en contra de nuestros mejores intereses. Una de las más potentes de esas tácticas es el cinismo: el sentido que nada, excepto el caos, debería siquiera ser pensado por un ser humano inteligente. Este es un escape conveniente para no hacer el trabajo duro de la transformación espiritual. Nos permite vernos como víctimas eternas sin culpa, en lugar de seres que son completamente responsables del estado de sus propias vidas.

Hay dos maneras de purificarse en la vida: dolor o transformación espiritual proactiva.

El camino del dolor hiere al cuerpo, nuestra salud, nuestras finanzas, nuestras vidas personales. Cuando experimentamos enfermedad o mala salud, si perdemos un negocio o caemos en bancarrota, si un matrimonio se termina o si hay dolor en los corazones de los hijos, todo esto se considera purificación espiritual.

El camino de transformación espiritual proactiva sólo hiere al ego.

Este Nombre se enfoca en el ego, permitiéndonos purificar y reparar iniquidades pasadas de una manera misericordiosa.

MEDITACIÓN

Meditando sobre estas letras, oprimes las teclas de RETROCESO y BORRADO en tu video espiritual. Eres purificado en tu vida presente corrigiendo tus transgresiones de vidas pasadas. Este Nombre también purifica tu ambiente físico de impurezas espirituales.

TABLA DE LOS 72 NOMBRES

כהת	אכא	להה	מהש	עלם	סיט	ילי	והו
הקם	הרי	מבה	יזל	ההע	לאו	אלד	הזי
וזהו	מלה	ייי	נלך	פהל	לוו	כלי	לאו
ושר	לכב	אום	ריי	שאה	ירת	האא	נתה
ייז	רהע	וום	אני	מנד	כוק	להו	יוזו
מיה	עשל	ערי	סאל	ילה	וול	מיך	ההה
פוי	מבה	נית	ננא	עמם	הוש	דני	והו
מוזי	ענו	יהה	ומב	מצר	הרו	ייל	נמם
מום	היי	יבמ	ראה	וזבו	איע	מנק	דמב

TABLA DE LOS 72 NOMBRES

TERCERA PARTE

NOTA DEL EDITOR

Al mirar hacia atrás en el desarrollo de Los 72 Nombres de Dios, sabemos que no fuimos nosotros quienes escribimos este libro. Más bien, estas poderosas herramientas para mejorar la vida habían de ser puestas al alcance de las personas ahora, y estábamos en el lugar correcto en el momento correcto.

De acuerdo con los antiguos kabbalistas, existen ventanas particulares de tiempo cuando pueden ocurrir milagros globales y pueden revelarse profundos aspectos de sabiduría para el mejoramiento de la humanidad. Éste es justo un momento así, y brinda una oportunidad increíble para aquellos cuyo destino es ser parte de él. Estamos eternamente agradecidos por ser parte de los 72 Nombres de Dios mientras ellos mismos se revelan al mundo.

Los Nombres tienen una historia tan rica, tal diversidad y belleza que podría tomar toda una vida el descubrir su completo significado y poder. Entre más investigábamos, más descubríamos. Nos sentimos como arqueólogos espirituales ante la excavación más grande e importante de sus vidas. Con cada paso exploratorio hacia adelante, fuimos conducidos a una amplia dimensión de sabiduría, rica en historia.

La primera inspiración real para hacer algo con los Nombres nos llegó a finales de febrero de 1991. El Rav había vuelto de Rabat, Marruecos, donde se había reunido con el hoy difunto rey de Marruecos para promover una solución pacífica a la Guerra del Golfo. La reunión había sido concertada por uno de los estudiantes del Centro de Kabbalah que era amigo del rey.

Mientras estuvo en Marruecos, el Rav y el rey pasaron largas horas en privado compartiendo historias y vivencias, como lo hacen los grandes líderes, una vez que se han hecho amigos. Una tarde, el rey llevó al Rav a su oficina privada y compartió con él un regalo especial que le dio su padre. "Conserva esto contigo todo el tiempo", le había dicho su padre al rey. "Te protegerá". En una pieza muy cuidada de pergamino estaban varios de los 72 Nombres.

Cuando el Rav nos contó esta historia, nos impactó profundamente. Esta herramienta, que tal vez habíamos tomado un poco a la ligera, había cruzado fronteras, culturas y religiones, y era aún atesorada como una impresionante arma secreta.

Supimos entonces que teniamos que tomar parte en traer esta sabiduría a la mayor cantidad de personas que fuera posible.

También puedes descubrir cuál es tu Nombre personal de los 72 Nombres de acuerdo a tu fecha de nacimiento y conocer el impacto especial y la importancia que tiene en tu destino, usando la aplicación **72 Names of God**.

¡Disfrútalo!

ÍNDICE

A

Adicciones – Victoria Sobre las Adicciones p.88
Aburrimiento – Apreciación p.174, Fertilidad p.84,
	Pasión p.152
Agitación – Eliminar Pensamientos Negativos p.56
Agorafobia – Eliminar Pensamientos Negativos p.56,
	(Sin)Temor p.120
Agradecimiento – Apreciación p.174, Sin Intenciones
	Ocultas p.154
Agresión – Desactivar la Energía Negativa y el Stress p. 64,
	Desvanecer la Ira p.160, Adiós a las Armas p.76,
	Eliminar el Odio p.106
Alma gemela – Alma gemela p.104
Alto desempeño – El Cuadro Completo p.122, Bastante
	Nunca es Suficiente p.148, Del Pensamiento a la
	Acción p.158
Amor – Sin Intenciones Ocultas p.154, Amor incondicional
	p.72
Anorexia – Eliminar Pensamientos Negativos p.56
Ansiedad – Eliminar Pensamientos Negativos p.56,
	(Sin) Temor p.120, Dejar Ir, Soltarse p.164
Apatía – El ADN del Alma p.62, Deshacerse de la Depresión
	p.80, Pasión p.152
Apreciación – Apreciación p.174, Grandes Expectativas
	p.182, Felicidad p.146
Arriesgarse – (Sin) Temor p.120, Pasión p.152, Del
	Pensamiento a la Acción p.158
Auto conocimiento – Libertad p.168, Escuchar a Tu Alma
	p.162, Autoestima p.130
Auto control – El Gran Escape p.82, Victoria Sobre las
	Adicciones p.88
Auto descubrimiento – Perdido y Encontrado p.186,
	Profecía y Universos Paralelos p.190, Revelar el Lado
	Oscuro p.114
Auto imagen – Proyectarte Bajo una Luz Favorable p.176,
	Autoestima p.130
Auto expresión – Autoestima p.130, Decir lo que Piensas
	p.98, Hablar con las Palabras Correctas p.128

B

Bloqueo de escritor – Fertilidad p.84
Bondad – Transformación Global p.142,
	Amor Incondicional p.72
Buenos hábitos – Victoria Sobre las Adicciones p.88

C

Cambio – Desafiar la Gravedad p.134, El ADN del Alma
	p.62, Fertilidad p.84, Profecía y Universos
	Paralelos p.190
Cambios de humor – Influencias Angelicales p.66, Recobrar
	las Chispas p.52
Caos – Diamante en Bruto p.126, El ADN del Alma p.62,
	Orden a Partir del Caos p.100, Reconocer el Designio
	Bajo el Desorden p.188
Carrera – Visión de Largo Alcance p.78, El Poder de la
	Prosperidad p.138, Profecía y Universos Paralelos
	p.190, Socio Silencioso p.102
Certeza – Certeza Absoluta p.140
Celos – Celos p. 96, Eliminar el Odio p.106
Codependencia – Responsabilidad p.180, Grandes
	Expectativas p.182, Autoestima p.130
Comer en exceso – Victoria Sobre las Adicciones p.88
Compartir – Sin Intenciones Ocultas p.154, Sistema de
	Circuitos p.124, Compartir la Llama p.94
Compasión – Temor de Dios p.178, Sin Intenciones Ocultas
	p.154, Padres Educadores, no Predicadores p.172
Complacencia – Libertad p.168
Comunicación – Padres Educadores, no Predicadores p.172,
	Decir lo que Piensas p.98, Hablar con las Palabras
	Correctas p.128
Concentración – Eliminar Pensamientos Negativos p.56,
	Bastante Nunca es Suficiente p.148, Escuchar a Tu
	Alma p.162
Confusión – Escuchar a Tu Alma p.162, Perdido y
	Encontrado p.186
Contaminación – Erradicar la Plaga p.90, Agua p.170

Comunicación con los Espíritus – Contactar a las Almas que Partieron p.184

Creatividad – Fertilidad p.84, Olvidarte de Ti Mismo p.116, Del Pensamiento a la Acción p.158

Crecimiento personal – Diamante en Bruto p.126, Autoestima p.130

Crianza – Padres Educadores, no Predicadores p.172, Sin Intenciones Ocultas p.154, Amor Incondicional p.72

Culpa – Visión de Largo Alcance p.78, Sin Culpa p.150

D

Decepción – Grandes Expectativas p.182

Desgano – El ADN del Alma p.62

Desorden – El ADN del Alma p.62

Desorden Bipolar – El Cielo en la Tierra p.74, Cordón Umbilical p.166, Victoria Sobre las Adicciones p.88

Desorden de Déficit de Atención – Eliminar Pensamientos Negativos p.56

Discusiones – Construir Puentes p.108, Desvanecer la Ira p.160, Sin Intenciones Ocultas p.154, Eliminar el Odio p.106, Suavizar los Juicios p.136, Amor incondicional p.72

Desesperación – Diamante en Bruto p.126, Reconocer el Designio Bajo el Desorden p.188, Deshacerse de la Depresión p.80, Perdido y Encontrado p.186, Cordón Umbilical p.166.

Desorden Obsesivo-Compulsivo – Eliminar Pensamientos Negativos p.56

Deuda – El Poder de la Prosperidad p.138, Socio Silencioso p.102

Diezmo – Socio Silencioso p.102

Disgusto – Eliminar el Odio p.106, Amor Incondicional p.72

Dolor – Curación p. 58

Duda – Certeza Absoluta p.140, El Cuadro Completo p.122, Orden a Partir del Caos p.100

E

Egotismo – Olvidarte de Ti Mismo p.116, Libertad p.168, El Gran Escape p.82

Egoísmo – Apreciación p.174, Grandes Expectativas p.182, El Gran Escape p.82

Empatía – Temor de Dios p.178, Sin Intenciones Ocultas p.154, Padres Educadores, no Predicadores p.172, Amor Incondicional p.72

Empezando nuevamente – Deshacerse de la Depresión p.80

Energía – Influencias Angelicales p.66, Sistema de Circuitos p.124, Recobrar las Chispas p.52, Energía Sexual p.118, Agua p.170

Enfermedad física – Curación p.58, Agua p.170

Enfermedad mental – Deshacerse de la Depresión p.80, Curación p.58, Agua p.170

Enfoque – Eliminar Pensamientos Negativos p.56, Bastante Nunca es Suficiente p.148

Entusiasmo – Pasión p.152

Envejecer – Hablar con las Palabras Correctas p.128, La Muerte de la Muerte p.156

Envidia – Las Miradas Pueden Matar p.68, Celos p.96, Eliminar el Odio p.106

Espiritualidad – Compartir la Llama p.94, Sistema de Circuitos p.124, Pasión p.152, Temor de Dios p.178

Estrés – Desactivar la Energía Negativa y el Estrés p.64

Estudiar – Eliminar Pensamientos Negativos p.56, Terminar lo que Comenzaste p.110

Exhausto – Recobrar las Chispas p.52

Éxito – Desafiar la Gravedad p.134, El Poder de la Prosperidad p.138, Socio Silencioso p.102, Victoria Sobre las Adicciones p.88

F

Fantasías negativas – Eliminar Pensamientos Negativos p.56

Fatiga – Visón de Largo Alcance p.78, Recobrar las Chispas p.52

Fijando metas – Terminar lo que Comenzaste p.110, Del Pensamiento a la Acción p.158

Fobia – Eliminar Pensamientos Negativos p.56, (Sin) Temor p.120
Frustración – Apreciación p.174, Sistema de Circuitos p.124, Desactivar la Energía Negativa y el Estrés p.64

G

Gratitud – Apreciación p.174, Sistema de Circuitos p.124
Guerra – Adiós a las Armas p.76, Transformación Global p.142

H

Hablando positivamente – Decir lo que Piensas p.98, Hablar con las Palabras Correctas p.128
Haciendo amigos – Sin Intenciones Ocultas p.154, Alma Gemela p.104, Amor Incondicional p.72, Unidad p.144
Hiperactividad – Cordón umbilical p.166
Hipocresía – El Gran Escape p.82
Histeria – Suavizar los Juicios p.136
Honestidad – Decir lo que Piensas p.98
Humor – Proyectarte Bajo una Luz Favorable p.176

I

Iluminación – El Cuadro Completo p.122, Comunicarse con Dios p.86, Profecía y Universos Paralelos p.190, Cordón Umbilical p.166
Impotencia – Energía sexual p.118
Incapacidad – Responsabilidad p.180, Terminar lo que Comenzaste p.110, Decir lo que piensas p.98
Incertidumbre – Certeza Absoluta p.140, El Cuadro Completo p.122
Inercia – Influencias Angelicales p.66, El ADN del Alma p.62, Eliminar Pensamientos Negativos p.56, Terminar lo que Comenzaste p.110
Infertilidad – Fertilidad p.84
Infelicidad – Apreciación p.174, Felicidad p.146

Inmortalidad – La Muerte de la Muerte p.156, Desafiar la Gravedad p.134, Agua p.170
Inseguridad – Autoestima p.130
Insomnio – Estado de Ensueño p.60
Inspiración – El ADN del Alma p.62, Pasión p.152, Del Pensamiento a la Acción p.158
Inteligencia – El Cuadro Completo p.122, Temor de Dios p.178
Intuición – Escuchar a Tu Alma p.162, Visión de largo alcance p.78
Ira – Desvanecer la Ira p.160, Eliminar el Odio p.106

J

Juventud – La Muerte de la Muerte p.156, Desafiar la Gravedad p.134, Agua p.170

L

Lamento – Suavizar los Juicios p.136, Viaje en el Tiempo p.50
Lástima de sí mismo – Responsabilidad p.180, Grandes Expectativas p.182, Victoria Sobre las Adicciones p.88
Lectura de la mente – Escuchar a Tu Alma p.162
Libertad – Libertad p.168, Gran escape p.82
Liderazgo – Temor de Dios p.178, Victoria Sobre las Adicciones p.88
Limpieza – Curación p.58, Limpieza Espiritual p.192

M

Mal de ojo – Las Miradas Pueden Matar p.68
Mal genio – Desvanecer la Ira p.160, Eliminar el Odio p.106
Mala actitud – Responsabilidad p.180, Proyectarte Bajo una Luz Favorable p.176, El Cielo en la Tierra p.74
Mala suerte – Influencias Angelicales p.66
Malicia – Eliminar el Odio p.106
Malos hábitos – Eliminar los Pensamientos Negativos p.56, Victoria Sobre las Adicciones p.88
Malos recuerdos – Recuerdos p.112, Profecía y Universos Paralelos p.190

Matrimonio – Grandes Expectativas p.182, Alma Gemela p.104, Amor Incondicional p.72
Memoria – Recuerdos p.112
Menopausia – Fertilidad p.84
Mente estrecha – El Cuadro Completo p.122, Revelar lo Oculto p.132
Mente cerrada – Olvidarte de Ti Mismo p.116, El Gran escape p.82, Revelar lo Oculto p.132
Milagros – Desafiar la Gravedad p.134, Haciendo Milagros p.54
Motivación – El ADN del Alma p.62

N

Nacimiento – Fertilidad p.84
Necedad – Olvidarte de Ti Mismo p.116
Negociaciones – Purificación Espiritual p.192
Nerviosismo – Eliminar Pensamientos Negativos p.56

O

Odio – Desvanecer la Ira p.160, Eliminar el Odio p.106
Optimismo – Deshacerse de la Depresión p.80, Felicidad p.146
Oración – Comunicarse con Dios p.86, Pasión p.152
Organización – Orden a Partir del Caos p.100

P

Pánico – Eliminar Pensamientos Negativos p.56, (Sin) temor p.120
Pánico escénico – Proyectarte Bajo una Luz Favorable p.176, Eliminar Pensamientos Negativos p.56
Paranoia – El Gran Escape p.82
Pasión – El ADN del Alma p.62, Pasión p.152
Paternidad – Padres Educadores, No Predicadores p.172, Sin Intenciones Ocultas p.154, Amor incondicional p.72

Paz mental – Desactivar Energía Negativa y el Estrés p.64, Erradicar a la Plaga p.90, Transformación Global p.142
Peligro – Desactivar Energía Negativa y el Estrés p.64
Pelear – Construir Puentes p.108, Eliminar el Odio p.106
Pena – Contactar a las Almas que Partieron p.184
Pensamientos invasivos – Eliminar Pensamientos Negativos p.56
Pérdida – Contactar a las Almas que Partieron p.184, Reconocer el Designio Bajo el Desorden p.188, Grandes Expectativas p.182, Dejar Ir, Soltarse p.164, Cordón Umbilical p.166
Pérdida de peso – Victoria Sobre las Adicciones p.88
Pereza – El ADN del Alma p.62, Terminar lo que Comenzaste p.110, Del Pensamiento a la Acción p.158, Victoria Sobre las Adicciones p.88
Perseverancia – Terminar lo que Comenzaste p.110, Victoria Sobre las Adicciones p.88
Perturbado – Visión de Largo Alcance p.78, Perdido y Encontrado p.186, Orden a Partir del Caos p.100
Pesimismo – Diamante en Bruto p.126, El Gran escape p.82, Autoestima p.130
Prejuicio – Eliminar el Odio p.106, Unidad p.144
Premonición – El Cuadro Completo p.122, Profecía y Universos Paralelos p.190
Preocupaciones – Desactivar la Energía Negativa y el Estrés p.64
Presión de grupo – Autoestima p.130
Problemas legales – Suavizar los Juicios p.136
Profecía – El Cuadro Completo p.122, Profecía y Universos Paralelos p.190, Victoria Sobre las Adicciones p.88
Propósito – Comunicarse con Dios p.86
Prosperidad – El Poder de la Prosperidad p.138, Socio Silencioso p.102
Proseguir hacia el objetivo – Terminar lo que Comenzaste p.110, Del Pensamiento a la acción p.158
Protección – Desactivar la Energía Negativa y el Estrés p.64, Las Miradas Pueden Matar p.68
Pubertad – Fertilidad p.84

R

Rabia del camino – Desactivar la Energía Negativa y el Estrés p.64, Desvanecer la Ira p.160
Regocijo – Felicidad p.146
Relajación – Desactivar la Energía Negativa y el Estrés p.64
Retrasar – Del Pensamiento a la Acción p.158

S

Sabiduría – El Cuadro Completo p.122, Revelar lo Oculto p.132, Autoestima p.130
Sanación emocional – Curación p.58, Purificación Espiritual p.192
Sensibilidad – Sin Intenciones Ocultas p.154, Amor Incondicional p.72
Sentirse poco atractivo – Proyectarte Bajo una Luz Favorable p.176, Autoestima p.130
Ser víctima – Responsabilidad p.180, Grandes Expectativas p. 182
Sexualidad – Energía Sexual p.118
Simpatía – Sin Intenciones Ocultas p.154, Amor Incondicional p.72, Unidad p.144
Sin esperanzas – Deshacerse de la Depresión p.80, Recobrar las Chispas p.52
Síndrome de fatiga crónica – Curación p.58
Síndrome pre-menstrual – Fertilidad p.84
Soledad – Apreciación p.174, Responsabilidad p.180, Cordón Umbilical p.166
Soltar – Dejar Ir, Soltarse p.164
Sueño profundo – El Estado de Ensueño p.60

T

Tedio – Apreciación p.171, Fertilidad p.84, Pasión p.152
Telepatía – El Cuadro Completo p.122, Revelar lo Oculto p.132
Tener pavor – Deshacerse de la Depresión p.80, Reconocer el Designio Bajo el Desorden p.188
Temor – Eliminar Pensamientos Negativos p.56, (Sin) Temor p.120
Tics – Desactivar la Energía Negativa y el Stress p.64
Timidez – (Sin) Temor p.120
Tomar Riesgos – (Sin) Temor p.120, Pasión p.152, Del Pensamiento a la Acción p.158
Trauma – Certeza Absoluta p.140, Recuerdos p.112, Viaje en Tiempo p.50
Trastorno de Personalidad – Curación p.58

U

Unidad – Amor Incondicional p.72, Unidad p.144
Universo paralelo – Profecía y Universos Paralelos p.190

V

Valentía – Bastante Nunca es Suficiente p.148, (Sin) Temor p.120, Revelar lo Oculto p.132, Del Pensamiento a la Acción p.158, Cordón Umbilical p.166
Venganza – Responsabilidad p.180, Unidad p.144
Vértigo – Desactivar la Energía Negativa y el Stress p.64
Victima – Responsabilidad p.180, Grandes Expectativas p.182, Autoestima p.130

X

Xenofobia – Eliminar el Odio p.106, Unidad p.144

LISTA DE LOS 72 NOMBRES (TRANSLITERACIONES)

Los 72 Nombres de Dios

01	והו	VAV HEI VAV	(Viajar en el Tiempo)
02	ילי	YUD LÁMED YUD	(Recuperar las Chispas)
03	סיט	SÁMEJ YUD TET	(Crear Milagros)
04	עלם	AIN LÁMED MEM	(Eliminar Pensamientos Negativos)
05	מהש	MEM HEI SHIN	(Sanación)
06	ללה	LÁMED LÁMED HEI	(Reconexión con los Sueños)
07	אכא	ÁLEF CAF ÁLEF	(El ADN del Alma)
08	כהת	CAF HEI TAF	(Desactivar la Energía Negativa y el Estrés)
09	הזי	HEI ZAIN YUD	(Influencias Angelicales)
10	אלד	ÁLEF LÁMED DÁLET	(Las Miradas Pueden Matar)
11	לאו	LÁMED ÁLEF VAV	(Disipar los Vestigios del Mal)
12	ההע	HEI HEI AIN	(Amor Incondicional)
13	יזל	YUD ZAIN LÁMED	(El Cielo en la Tierra)
14	מבה	MEM BET HEI	(Adiós a las Armas)
15	הרי	HEI RESH YUD	(Visión de largo Alcance)
16	הקם	HEI KOF MEM	(Deshacerse de la Depresión)
17	לאו	LÁMED ÁLEF VAV	(El Gran Escape)
18	כלי	CAF LÁMED YUD	(Fertilidad)
19	לוו	LÁMED VAV VAV	(Comunicarse con Dios)
20	פהל	PEI HEI LÁMED	(Victoria sobre las Adicciones)
21	נלך	NUN LÁMED CHAF	(Erradicar la Plaga)
22	princi	YUD YUD YUD	(Detener la Atracción Fatal)
23	מלה	MEM LÁMED HEI	(Compartir la Llama)
24	והו	JET HEI VAV	(Celos)
25	נתה	NUN TAV HEI	(Decir lo que Piensas)

26	האא	HEI ÁLEF ÁLEF	(Orden a Partir del Caos)
27	ירת	YUD RESH TAV	(Socio Silencioso)
28	שאה	SHIN ÁLEF HEI	(Alma Gemela)
29	ריי	RESH YUD YUD	(Eliminar el Odio)
30	אום	ÁLEF VAV MEM	(Construir Puentes)
31	לכב	LÁMED CAF BET	(Terminar lo que Comenzaste)
32	ושר	VAV SHIN RESH	(Recuerdos)
33	יחו	YUD JET VAV	(Revelar el Lado Oscuro)
34	להח	LÁMED HEI JET	(Olvidarte de Ti Mismo)
35	כוק	CAF VAV KOF	(Energía Sexual)
36	מנד	MEM NUN DÁLET	((Sin) Temor)
37	אני	ÁLEF NUN YUD	(El Panorama Completo)
38	חעם	JET AIN MEM	(Sistema de Circuitos)
39	רהע	RESH HEI AIN	(Diamante en Bruto)
40	ייז	YUD YUD ZAIN	(Hablar con las Palabras Correctas)
41	ההה	HEI HEI HEI	(Autoestima)
42	מיכ	MEM YUD CAF	(Revelar lo Oculto)
43	וול	VAV VAV LÁMED	(Desafiar la Gravedad)
44	ילה	YUD LÁMED HEI	(Suavizar los Juicios)
45	סאל	SÁMEJ ÁLEF LÁMED	(El Poder de la Prosperidad)
46	ערי	AIN RESH YUD	(Certeza Absoluta)
47	עשל	AIN SHIN LÁMED	(Transformación Global)
48	מיה	MEM YUD HEI	(Unidad)
49	וחו	VAV HEI VAV	(Felicidad)
50	דני	DÁLET NUN YUD	(Bastante Nunca es Suficiente)

51	הוֹשׁ	HEI JET SHIN	(Sin Culpa)
52	עמם	AIN MEM MEM	(Pasión)
53	נֹנא	NUN NUN ÁLEF	(Sin Intenciones Ocultas)
54	נית	NUN YUD TAV	(La Muerte de la Muerte)
55	מבה	MEM BET HEI	(Del Pensamiento a la Acción)
56	פוי	PEI VAV YUD	(Desvanecer la Ira)
57	נמם	NUN MEM MEM	(Escuchar a Tu Alma)
58	ייל	YUD YUD LÁMED	(Dejar Ir, Soltarse)
59	הרח	HEI RESH JET	(Cordón Umbilical)
60	מצר	MEM TSADI RESH	(Libertad)
61	ומב	VAV MEM BET	(Agua)
62	יהה	YUD HEI HEI	(Padres educadores, no Predicadores)
63	ענו	AIN NUN VAV	(Apreciación)
64	מחי	MEM JET YUD	(Proyectarte Bajo una Luz Favorable)
65	דמב	DÁLET MEM BET	(Temor de Dios)
66	מנק	MEM NUN KOF	(Responsabilidad)
67	איע	ÁLEF YUD AIN	(Grandes Expectativas)
68	חבו	JET BET VAV	(Contactar a las Almas que Partieron)
69	ראה	RESH ÁLEF HEI	(Perdido y Encontrado)
70	יבמ	YUD BET MEM	(Reconocer el Designio Bajo el Desorden)
71	היי	HEI YUD YUD	(Profecía y Universos Paralelos)
72	מום	MEM VAV MEM	(Purificación Espiritual)

Más libros que pueden ayudarte a incorporar la sabiduría de la Kabbalah a tu vida

El Poder de Kabbalah
De Las Enseñanzas de Rav Berg

La realidad que conocemos es la realidad física, es decir, la realidad en la que vivimos. Sin embargo, hay otra dimensión, el mundo más allá de los cinco sentidos. Todo lo que realmente deseamos: amor, felicidad, paz mental, libertad, inspiración y respuestas, todo está a nuestro alcance cuando nos conectamos con esta otra realidad. El problema es que la mayoría de nosotros se desconectó de esa dimensión sin querer. Imagina que fuese posible tener acceso a esa fuente a voluntad y continuamente, ese es el poder de la Kabbalah. Este libro fundamental tiene nuevo contenido y es más aplicable a los desafíos actuales. Usa los ejercicios presentes en el libro para liberarte de creencias y hábitos comunes que te llevan a tomar malas decisiones. Los lectores descubrirán cómo hacer que sus acciones vayan de acuerdo con su propósito principal y serán más concientes de las posibilidades infinitas dentro de su propia vida.

Satán: Una Autobiografía
De Las Enseñanzas de Rav Berg

Se ha dicho que el truco más grande que el Diablo jamás hizo fue convencernos de que no existe. Mediante el uso de la herramienta literaria de una autobiografía "como fue contada", el Centro de Kabbalah revela el concepto del Adversario, el cual tiene un papel fundamental en las enseñanzas kabbalísticas. Satán reside dentro de cada uno de nosotros, manifestándose como una pequeña recurrente voz de incertidumbre y a través de las pruebas que pone frente a nosotros que son los medios para ayudarnos a crecer.

Astrología Kabbalística: Y el Significado de Nuestras Vidas
Por Rav Berg

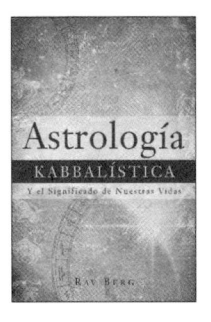

La Kabbalah ofrece uno de los usos más antiguos de la astronomía y astrología conocidos por la humanidad. Más que un libro sobre horóscopos, *Astrología kabbalística* es una herramienta para entender la naturaleza del ser humano en su nivel más profundo, y poner ese conocimiento en práctica inmediatamente en el mundo real. Rav Berg explica por qué el destino no es lo mismo que la predestinación, explicando que tenemos muchos futuros posibles y que podemos ser los amos de nuestro porvenir. *Astrología kabbalística* revela los desafíos que hemos enfrentado en encarnaciones anteriores, y por qué y cómo tenemos que superarlos aún.

Nano: Tecnología de la mente sobre la materia
Por Rav Berg

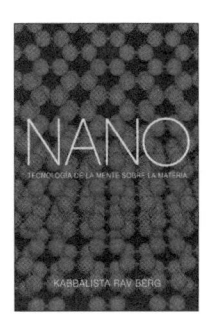

Kabbalah es todo acerca de obtener el control sobre el mundo físico, incluyendo nuestra vida personal, en el nivel más fundamental de la realidad. Se trata de alcanzar y extender el poder de mente sobre materia y desarrollar la habilidad de crear plenitud, alegría, y felicidad al controlar todo al nivel más básico de existencia. De esta manera, Kabbalah es anterior y presagia la tendencia más apasionante en los desarrollos científicos y tecnológicos más recientes, la aplicación de la nanotecnología a todas las áreas de la vida para crear resultados mejores, más fuertes, y más eficientes. En Nano, el Rav desmitifica la conexión que hay entre la antigua sabiduría de la Kabbalah y el pensamiento científico actual, y muestra como la unión de ambos pondrá fin al caos en un futuro previsible.

Encontrar la Luz a través de la oscuridad: Lecciones inspiradoras basadas en la Biblia y en el Zóhar
Por Karen Berg

Encontrar la Luz a través de la oscuridad invita al lector a realizar un viaje transformador. Estos ensayos inspiradores basados en la Biblia y el *Zóhar* nos ayudan a entender las lecciones que nuestra alma escogió vivir, ver las dificultades como oportunidad para cambiar y darnos cuenta de que todo forma parte del plan divino de Dios. Sólo entonces podemos encontrar dicha en el crecimiento espiritual. Al portar la antorcha de los maestros de la Kabbalah, Karen Berg, Directora Espiritual del Centro de Kabbalah, nos recuerda que la Luz no se revela a través de la Luz, se revela a través de la oscuridad. Con esta conciencia, despertamos para ver de qué se trata la vida en realidad, qué vinimos a ser y qué queremos hacer verdaderamente.

Dios usa lápiz labial
Por Karen Berg

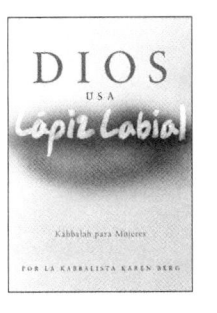

Este revolucionario y exitoso libro revela el poder que es innato en cada mujer. Desde una perspectiva kabbalística, Karen Berg explica el significado profundo de la vida y ofrece soluciones tangibles a los problemas que enfrentan las mujeres hoy en día. Karen indaga en el propósito espiritual de las relaciones —alcanzar nuestro potencial más elevado— y la mejor forma de enriquecer nuestra conexión con nuestro propio ser, nuestra pareja, nuestros hijos y Dios.

Dos personas desiguales: para cambiar al mundo
Memorias de Karen Berg

Hace más de cuatro décadas, Karen y su esposo, Rav Berg, se propusieron hacer que la Kabbalah fuera comprensible y relevante para todas las personas. Su meta era enseñar la sabiduría espiritual y las herramientas de la Kabbalah, sin exclusión. Dos personas desiguales para cambiar al mundo es una memoria de la vida de Karen junto con su esposo Rav Philip Berg, el hombre que hizo que la Kabbalah fuese conocida y de libre estudio. Es verdaderamente la historia de dos personas comunes cuyo amor y forma de vida desafiaron tantas normas que fue inevitable una revolución espiritual. Como escribe Karen, "Tuvimos la bendición de ser parte del origen de algo extraordinario".

Los Secretos del Zóhar: Relatos y meditaciones para despertar el corazón
Por Michael Berg

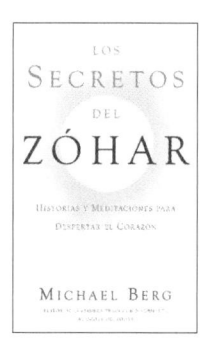

Los Secretos del *Zóhar* son los secretos de la Biblia, trasmitidos como tradición oral y luego recopilados como un texto sagrado que permaneció oculto durante miles de años. Estos secretos nunca han sido revelados como en estas páginas, en las cuales se descifran los códigos ocultos tras las mejores historias de los antiguos sabios, y se ofrece una meditación especial para cada uno de ellos. En este libro, se presentan porciones enteras del *Zóhar* con su traducción al arameo y al inglés en columnas contiguas. Esto te permite escanear y leer el texto en alto para poder extraer toda la energía del *Zóhar*, y alcanzar la transformación espiritual. ¡Abre este libro y tu corazón a la Luz del *Zóhar*!

El Zóhar

El Zóhar, la fuente principal de la Kabbalah, fue escrito hace 2000 años por Rav Shimón bar Yojái mientras se escondía de los romanos en una cueva en Pekiín, Israel, por 13 años. Luego fue sacado a la luz por Rav Moshé de León en España y posteriormente revelado a través de los kabbalistas de Safed y el sistema lurianico de la Kabbalah.

Los programas del Centro de Kabbalah han sido instaurados para proporcionar oportunidades para el aprendizaje, la enseñanza, la investigación y la demostración de conocimiento especializado a partir de la sabiduría eterna del Zóhar y los sabios kabbalistas. Oculto de las masas por mucho tiempo, hoy en día el conocimiento del Zóhar y la Kabbalah deben ser compartidos por todos aquellos que buscan entender el significado más profundo de esta herencia espiritual y del significado de la vida. La ciencia moderna apenas está empezando a descubrir lo que nuestros sabios tenían cubierto con simbolismo. Este conocimiento es de naturaleza práctica y puede ser aplicado diariamente para el mejoramiento de nuestra vida y la vida de la humanidad.

La oscuridad no puede existir en presencia de la Luz. Hasta una habitación oscura es afectada por la luz de una vela. Mientras compartimos este momento juntos, comenzamos a presenciar una revolución de iluminación en la gente y, de hecho, algunos de nosotros ya estamos participando en ella. Las nubes oscuras de conflicto y disputa se harán sentir sólo mientras la Luz Eterna permanezca oculta.
El Zóhar es ahora un instrumento para infundir al cosmos con la Fuerza de Luz del Creador revelada. El Zóhar no es un libro sobre religión, el Zóhar hace referencia a la relación entre las fuerzas invisibles del cosmos, la Fuerza de Luz y su influencia en la humanidad.

El Zóhar promete que con la entrada de la Era de Acuario el cosmos será de fácil acceso para el entendimiento humano. El Zóhar dice que en los días del Mesías "no habrá necesidad de decirle a nuestro semejante, 'Enséñame sabiduría'" (Zóhar Nasó, 9:65). "Y no enseñará más ninguno a su prójimo, ni ninguno a su hermano, diciendo: 'Conoce al Eterno'; porque todos Me conocerán, desde el más pequeño de ellos hasta el más grande" (Jeremías 31:34).

Podemos recuperar el dominio de nuestra vida y nuestro entorno. Para lograr este objetivo, el Zóhar nos da una oportunidad para superar el aplastante peso de la negatividad universal.

Estudiar el Zóhar diariamente, sin intentar entenderlo o traducirlo, llenará de Luz nuestra conciencia, mejorando así nuestro bienestar e influirá de actitudes positivas todo lo que nos rodea. Incluso recorrer visualmente el Zóhar, aunque se desconozca el alfabeto hebreo, tendrá los mismos resultados.

La conexión que creamos mediante recorrer visualmente el Zóhar es la de unidad con la Luz del Creador. Las letras, aunque no sepamos hebreo o arameo, son los canales a través de los cuales se realiza la conexión; puede compararse con marcar el número de teléfono o introducir los códigos para iniciar un programa de computadora. La conexión se logra en el nivel metafísico de nuestro ser y se extiende hasta nuestro plano físico de existencia. Pero primero está el prerrequisito del "arreglo" metafísico. Tenemos que permitir conscientemente que, a través de acciones y pensamientos positivos, el inmenso poder del Zóhar irradie amor, armonía y paz a nuestra vida para que compartamos eso con toda la humanidad y el universo.

En los años que vienen, el Zóhar continuará siendo un libro para la humanidad, tocará el corazón y la mente de aquellos que anhelan la paz, la verdad y el alivio del sufrimiento. Ante las crisis y catástrofes, el Zóhar tiene la capacidad de aliviar las aflicciones de agonía humana mediante la restauración de la relación de cada individuo con la Fuerza de Luz del Creador.

—Rav Berg, 1984

Los Centros de Kabbalah

La Kabbalah es el significado más profundo y oculto de la Torá o la Biblia. A través del gran conocimiento y las prácticas místicas de la Kabbalah se pueden alcanzar los más altos niveles espirituales posibles. Aunque mucha gente confía en sus creencias, fe y dogmas para buscar el significado de la vida, los kabbalistas buscan una conexión espiritual con el Creador y las fuerzas del Creador, así lo extraño se vuelve conocido y la fe se convierte en conocimiento.

A lo largo de la historia, aquellos que conocieron y practicaron la Kabbalah fueron muy cuidadosos con respecto a la diseminación del conocimiento porque sabían que las masas no estaban preparadas aún para la gran verdad de la existencia. Hoy en día los kabbalistas saben que no sólo es adecuado sino también necesario hacer que la Kabbalah esté disponible para todo aquel que la busque.

El Centro de Kabbalah es un instituto independiente, sin fines de lucro, fundado en Israel en 1922. El Centro provee investigación, información y ayuda a quienes buscan las enseñanzas de la Kabbalah. El Centro ofrece charlas públicas, clases, seminarios y excursiones a lugares místicos en los centros de Israel y Estados Unidos. Se han abierto centros y grupos de estudio en México, Montreal, Toronto, París, Hong Kong y Taiwán.

Nuestros cursos y materiales tratan sobre los conocimientos zoháricos de cada porción semanal de la Torá. Cada aspecto de la vida es estudiado y otras dimensiones, desconocidas hasta ahora, proveen una conexión más profunda con una realidad superior. Los tres cursos principales para principiantes abarcan temas como: tiempo, espacio y movimiento; reencarnación, matrimonio y divorcio; meditación kabbalística; la limitación de los cinco sentidos; ilusión y realidad; las cuatro fases; hombre y mujer, muerte, dormir y sueños; la alimentación; y Shabat.

Miles de personas se han beneficiado de las actividades del Centro, las publicaciones de material kabbalístico del Centro siguen siendo las más completas de su tipo en el mundo, incluyendo las traducciones al inglés, hebreo, ruso, alemán, portugués, francés, español y persa.

La Kabbalah puede darnos el verdadero significado de nuestro ser y el conocimiento necesario para nuestro máximo beneficio. Además, puede mostrarnos que la espiritualidad va más allá de la fe. El Centro de Kabbalah continuará haciendo que la Kabbalah esté a la disposición de todo aquel que la busque.

—Rav Berg, 1984

Información de Contacto de Centros y Grupos de Estudio

ARGENTINA:

Buenos Aires
Teléfono: +54 11 4771 1432
kcargentina@kabbalah.com.ar
Instagram: Kabbalaharg

COLOMBIA:

Bogotá
Teléfonos: +57 1 616 8604
kcbogota@kabbalah.com
Instagram: kabbalahbogota

Cali
Teléfono: +57 317 843 6947
Instagram: kabbalahcali

ESPAÑA:

Madrid
Teléfono: +34 9 11232637 / 800300357 (gratuito)
spain@kabbalah.com
Instagram: kcespana

MÉXICO:

D.F. y la República
Teléfono: +52 55 5280 0511
kcmexico@kabbalah.com
Instagram: Kabbalahmx

Guadalajara
Instagram: kabbalahgdl

PANAMÁ:

Ciudad de Panamá
Teléfono: +507 694 93974
kcpanama@kabbalah.com
Instagram: kabbalahpanama

PARAGUAY:

Asunción
Teléfono: +595 976 420072
Instagram: kabbalahpy

VENEZUELA:

Caracas
Teléfono: +58 212 267 7432 / 8368
caracastkc@kabbalah.com
Instagram: Kabbalahve

CENTROS EN EUA:

Boca Ratón, FL +1 561 488 8826
Miami, FL +1 305 692 9223
Los Ángeles, CA +1 310 657 5404
Nueva York, NY +1 212 644 0025

CENTROS INTERNACIONALES:

Londres, Inglaterra +44 207 499 4974
Berlin, Alemania +49 30 78713580
Toronto, Canadá +1 416 631 9395
Tel Aviv, Israel +972 3 5266 800

apoyo@kabbalah.com
kabbalah.com/es